Negócios com COMIDA

ORIENTAÇÕES TÉCNICAS PARA PEQUENOS EMPREENDEDORES

Dados Internacionais de Catalogação na Publicação (CIP)
(Simone M. P. Vieira – CRB 8ª/4771)

Martins, Beatriz Tenuta
   Negócios com comida: orientações técnicas para pequenos empreendedores / Beatriz Tenuta Martins. – São Paulo: Editora Senac São Paulo, 2022.

   Bibliografia.
   978-85-396-3848-2 (impresso/2022)
   e-ISBN 978-85-396-3849-9 (ePub/2022)
   e-ISBN 978-85-396-3850-5 (PDF/2022)

1. Gastronomia e nutrição; 2. Alimentos (Tecnologia); 3. Alimentos (Preparação); 4. Negócios de alimentação : Gestão I. Título.

22-1761g   CDD – 642
                                                                           647.95
                                                                         BISAC TRV022000

Índice para catálogo sistemático:
1. Gastronomia e nutrição   647.95
2. Negócios de alimentação : Gestão   647.95
3. Serviços de alimentação coletiva : Gestão de negócios em alimentação   642

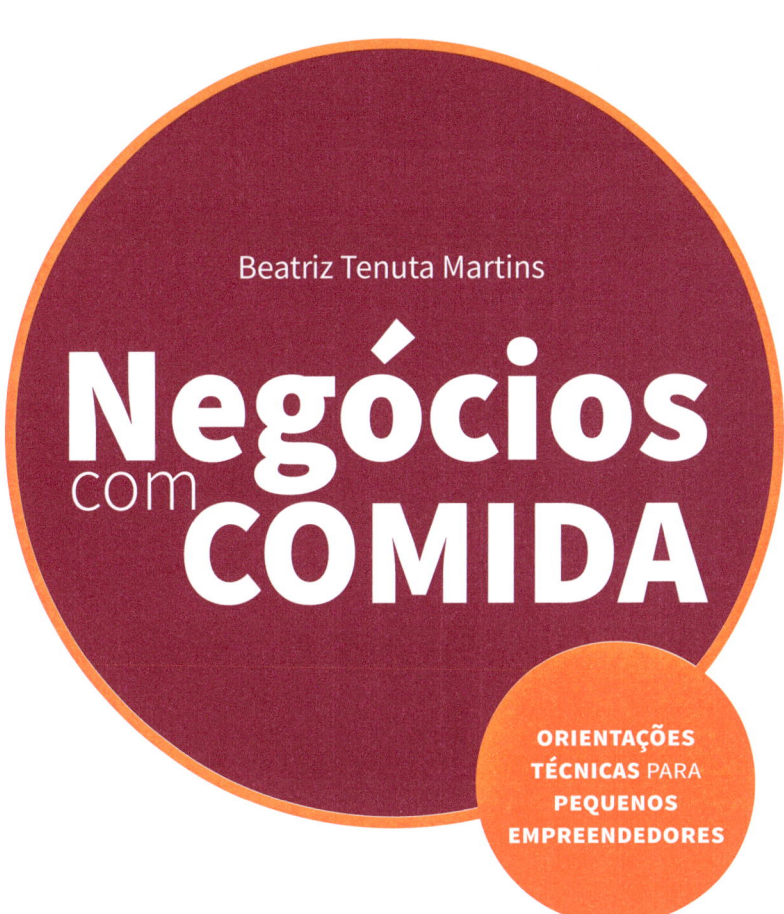

EDITORA SENAC SÃO PAULO – SÃO PAULO – 2022

ADMINISTRAÇÃO REGIONAL DO SENAC NO ESTADO DE SÃO PAULO
Presidente do Conselho Regional: Abram Szajman
Diretor do Departamento Regional: Luiz Francisco de A. Salgado
Superintendente Universitário e de Desenvolvimento: Luiz Carlos Dourado

EDITORA SENAC SÃO PAULO
Conselho Editorial: Luiz Francisco de A. Salgado
Luiz Carlos Dourado
Darcio Sayad Maia
Lucila Mara Sbrana Sciotti
Luís Américo Tousi Botelho

Gerente/Publisher: Luís Américo Tousi Botelho
Coordenação Editorial: Ricardo Diana
Prospecção: Dolores Crisci Manzano
Administrativo: Verônica Pirani de Oliveira
Comercial: Aldair Novais Pereira

Edição de Texto: Heloisa Hernandez, Eloiza Mendes Lopes
Preparação de Texto: Mariana Cardoso
Coordenação de Revisão de Texto: Janaina Lira
Revisão de Texto: Ana Luiza Candido, Bruna Sanjar Mazzilli
Coordenação de Arte: Antonio Carlos De Angelis
Capa: Antonio Carlos De Angelis
Projeto Gráfico e Editoração Eletrônica: Veridiana Freitas
Imagens: Adobe Stock Photos
Coordenação de E-books: Rodolfo Santana
Impressão e Acabamento: GRÁFICA CS

Proibida a reprodução sem autorização expressa.
Todos os direitos desta edição reservados à
EDITORA SENAC SÃO PAULO
Rua 24 de Maio, 208 – 3º andar – Centro – CEP 01041-000
Caixa Postal 1120 – CEP 01032-970 – São Paulo – SP
Tel. (11) 2187-4450 – Fax (11) 2187-4486
E-mail: editora@sp.senac.br
Homepage: https://www.editorasenacsp.com.br

© Editora Senac São Paulo, 2022

SUMÁRIO

NOTA DO EDITOR 9

APRESENTAÇÃO 11

1 DESENVOLVIMENTO DE NOVOS PRODUTOS 15

1.1 CONCEITOS DE SAUDABILIDADE 19

1.2 MERCADO CONSUMIDOR E PÚBLICO-ALVO 21

1.3 TENDÊNCIAS EM ALIMENTAÇÃO 23

1.4 TENDÊNCIAS DO MERCADO DE ALIMENTOS SAUDÁVEIS 25

1.5 PRODUTOS ALIMENTÍCIOS PARA RESTRIÇÕES ALIMENTARES 28

1.6 ETAPAS PARA O DESENVOLVIMENTO DE UM PRODUTO ALIMENTÍCIO 31

2 TÉCNICAS CULINÁRIAS E GASTRONOMIA 35

2.1 FATORES QUE MODIFICAM OS ALIMENTOS 38

2.2 FORMAS DE TRANSMISSÃO DE CALOR AOS ALIMENTOS 42

2.3 FUNCIONALIDADES CULINÁRIAS DE INGREDIENTES 47

2.4 TÉCNICAS DE PREPARO DE ALIMENTOS *IN NATURA* 56

2.5 DICAS DE APROVEITAMENTO INTEGRAL DOS ALIMENTOS 74

2.6 INDICADORES DE PERDAS E GANHOS 77

3 GASTRONOMIA APLICADA 85

**3.1 GASTRONOMIA APLICADA
NO PREPARO DE PÃES, BOLOS E TORTAS 88**

**3.2 GASTRONOMIA APLICADA
NO PREPARO DE MASSAS ALIMENTÍCIAS 96**

**3.3 GASTRONOMIA APLICADA
NO PREPARO DE SOBREMESAS 98**

3.4 AVALIAÇÃO SENSORIAL DE PREPARAÇÕES 104

4 TECNOLOGIAS DE CONSERVAÇÃO DE ALIMENTOS 113

4.1 CAUSAS DAS ALTERAÇÕES NOS ALIMENTOS 115

4.2 MÉTODOS DE CONSERVAÇÃO DOS ALIMENTOS 118

**4.3 CONGELAMENTO E DESCONGELAMENTO
DE ALIMENTOS E PREPARAÇÕES 121**

4.4 EMBALAGENS PARA PREPARAÇÕES CONGELADAS 140

5 EMBALAGEM E ROTULAGEM DE ALIMENTOS 143

5.1 CONCEITOS DE EMBALAGEM 145

5.2 CONCEITOS DE RÓTULO E ROTULAGEM GERAL 147

5.3 ROTULAGEM NUTRICIONAL DE ALIMENTOS EMBALADOS 148

6 BOAS PRÁTICAS NA MANIPULAÇÃO DE ALIMENTOS 165

6.1 CONCEITOS DE ALIMENTO SEGURO E PERIGOS NOS ALIMENTOS 168

6.2 BOAS PRÁTICAS NA MANIPULAÇÃO DE ALIMENTOS 173

6.3 CUIDADOS NAS ETAPAS DE PRODUÇÃO DE ALIMENTOS 176

6.4 NORMAS PARA MANIPULADORES DE ALIMENTOS 184

6.5 OUTRAS EXIGÊNCIAS LEGAIS 190

CONSIDERAÇÕES FINAIS 195

REFERÊNCIAS 197

NOTA DO EDITOR

Na contramão da crise atual, os negócios com comida têm apresentado excelentes resultados de crescimento, comprovando a importância da alimentação em nossas vidas. Esta obra vem, então, para apoiar o pequeno empreendedor na realização do sonho de abrir seu próprio negócio com comida. A proposta aqui é fornecer elementos básicos sobre as técnicas de cozinha, seja para quem está interessado em desenvolver um produto inovador, seja para quem quer aperfeiçoar as características de um produto já existente. O mais comum, no entanto, é lançar algo que represente uma grande tendência, como já foi a vez da paleta mexicana, do temaki, do poke e do frozen yogurt, entre outros produtos.

Neste livro são apresentadas técnicas de preparo dos alimentos de origens vegetal e animal, incluindo métodos de cocção e utensílios de preparo, bem como os principais ingredientes utilizados, suas funções e classificações, passando pela confecção de molhos, condimentos e sobremesas. Além disso, são mostrados procedimentos e tecnologias de conservação e embalagem que podem ajudar o empreendedor a evitar prejuízos com os produtos e as matérias-primas. Da mesma maneira, entender as alterações sofridas pelos alimentos – outro tópico abordado – é também uma maneira de prevenir resultados indesejados. Menciona-se, por fim, o conjunto de legislações e normas relativas à rotulagem e às condições higiênico-sanitárias, que precisam ser observadas pelos profissionais dedicados aos negócios com comida.

O Senac São Paulo espera, com este lançamento, contribuir para que o pequeno empreendedor não apenas invista em um novo negócio, mas também esteja familiarizado com o ramo alimentício e preparado para trabalhar com ele. Afinal, isso envolve lidar diretamente com a saúde do consumidor, que é um dos aspectos-chave da alimentação.

APRESENTAÇÃO

A experiência como docente nas áreas de gastronomia e de nutrição me proporcionou o contato com uma profusão de pequenos empreendedores. Entre as muitas dificuldades que esses alunos enfrentam ao empreender nesses setores, sobressai a procura por informações práticas sobre procedimentos culinários técnicos e seguros, técnicas de conservação, legislação sanitária de alimentos e rotulagem dos produtos embalados.

Com a pretensão de preencher algumas dessas lacunas, busco suprir tais necessidades em um único livro, abordando desde os procedimentos para desenvolver um novo produto culinário até o seu lançamento no mercado.

Esta obra foi concebida sob a forma de um manual para guiar o leitor interessado em empreender no setor alimentício de maneira segura, com qualidade sensorial, segurança sanitária e com a aplicação de técnicas adequadas de preparo, conservação, embalagem e rotulagem.

Procurei abordar, de modo simples e conciso, como desenvolver um novo produto alimentício para venda ou como adaptar receitas para obter melhores resultados, com base na discussão de conceitos atuais de saudabilidade, tendências de consumo do mercado alimentício, perfis de público-alvo, modismos e restrições alimentares.

Seguindo essas premissas, apresento conteúdos sobre a aplicação de técnicas de preparo de alimentos *in natura* de origens animal e vegetal, técnicas de aplicação de alimentos processados, conforme as tecnologias de conservação dos alimentos, e funcionalidades dos principais ingredientes culinários utilizados na gastronomia.

As formas de aplicação de calor aos alimentos para conseguir melhores resultados e as técnicas de conservação adequadas a pequenos negócios de alimentação, com ênfase no congelamento de alimentos, também são abordadas nesta obra.

O conhecimento sobre gastronomia aplicada à culinária do trigo e do açúcar complementa as informações técnicas, uma vez que, a partir da elaboração da ficha técnica da preparação, apresento o modo correto de calcular e ministrar os indicadores de perdas e ganhos e o rendimento das receitas.

As informações sobre como avaliar sensorialmente, de acordo com metodologias aplicáveis e seguras, e sobre a qualidade das preparações dos produtos também são contempladas aqui, bem como a apresentação dos tipos de embalagem apropriados para alimentos, a orientação para elaborar o rótulo e calcular os dados de composição nutritiva para a rotulagem nutricional, atendendo à legislação vigente e às suas alterações recentes.

Por fim, trago um resumo sobre a legislação sanitária de alimentos, abordando as boas práticas na manipulação de alimentos, além dos cuidados e dos critérios de segurança nas etapas de produção.

Espero, com este livro, atingir meu objetivo de contribuir com os pequenos empreendedores na área de alimentação, trazendo conhecimento e segurança para a profissionalização dos negócios. Boa leitura e aplicação!

DESENVOLVIMENTO DE NOVOS PRODUTOS

O desenvolvimento de novos produtos alimentícios pode ser um caminho para quem quer empreender em negócios de comida. Ao entrar nesse mercado, o empreendedor pode optar por algumas alternativas para conceituar que tipo de produto pretende lançar, por exemplo: criar algo inovador que possa inaugurar um mercado ainda inexistente; acrescentar uma nova linha de produtos àquela já comercializada pelo empreendedor ou, simplesmente, um sabor inédito; aperfeiçoar as características sensoriais (aparência, cor, odor, sabor, textura); e até efetuar uma revisão dos custos de um produto vigente. Entretanto, o mais comum para pequenos empreendedores é observar o mercado e lançar algo que represente uma grande tendência de consumo naquele momento.

De qualquer maneira, o lançamento de um produto alimentício no mercado consumidor deve passar por algumas etapas obrigatórias, que podem ser elencadas da seguinte forma:

* **Conceito do produto:** definição do tipo de alimento ou de preparação, considerando-se os conceitos atuais de saudabilidade, as tendências do mercado e as habilidades culinárias de quem o produzirá.

* **Análise de mercado:** pesquisa sobre o comportamento do mercado alimentício para definir quem será o público consumidor esperado para o produto, as tendências de consumo atual, os preços praticados pelos futuros concorrentes e os tipos de embalagem utilizados para aquele padrão de produto. Para obter esses dados, a pesquisa deve ser feita em fontes que contenham informações sobre bases econômicas, dados de perfil de demanda e informações da mídia sobre o consumo atual de alimentos.

* **Escolha do público-alvo:** depende da definição do conceito a ser trabalhado. Alguns produtos são mais adequados às crianças, ou às mulheres de determinada faixa etária, ou a grupos populacionais específicos, como obesos, diabéticos, celíacos e hipertensos. Outros podem ser destinados a pessoas que vivem sozinhas e não têm habilidades culinárias, ou, ainda, voltados a determinados grupos com hábitos de vida mais saudáveis, como atletas ou praticantes de alguma atividade física regular.

* **Desenvolvimento do produto:** é necessário testar várias receitas até chegar ao protótipo ideal, elaborar fichas técnicas completas, definir embalagem, planejar volumes de produção e calcular custos. O desenvolvimento da embalagem é consequência direta do tipo de tecnologia aplicada à conservação do produto e, também, das técnicas culinárias empregadas, já que isso determinará a forma de comercialização e distribuição no mercado consumidor. O produto desenvolvido poderá ser resfriado, congelado, desidratado ou minimamente processado, mas certamente precisará de uma embalagem que garanta a sua conservação.

Dessa forma, a possibilidade de ter sucesso no negócio aumenta consideravelmente, pois, se tudo for pensado e planejado com antecedência, evitam-se surpresas quando o produto for lançado no mercado. Pretende-se, a seguir, apresentar um manual de como empreender no ramo de alimentos de maneira segura, com qualidade sensorial, segurança sanitária e com a aplicação de técnicas adequadas de preparo, conservação, embalagem e rotulagem. Será abordado, de forma objetiva, como desenvolver um novo produto ou adaptar uma receita já existente, observando-se as tendências em alimentação saudável e o comportamento do mercado consumidor.

1.1 CONCEITOS DE SAUDABILIDADE

A alimentação e, consequentemente, a nutrição são amplamente reconhecidas como fatores fundamentais para a saúde. A alimentação, a partir dos hábitos e comportamentos alimentares, fornece as calorias e os nutrientes essenciais para o crescimento e o desenvolvimento do organismo humano, bem como para a manutenção e a proteção da saúde.

Estudos atuais sobre o tema revelam uma tendência global de crescimento dos índices de obesidade e das doenças crônicas que podem surgir associadas a esse quadro, como diabetes, hipertensão, doenças cardiovasculares e alguns tipos de câncer. O aumento da prevalência desses distúrbios atinge todas as faixas etárias e independe da situação socioeconômica dos países. Embora também existam, no Brasil, doenças associadas à carência de calorias e nutrientes, como a desnutrição, a hipovitaminose A e a anemia por deficiência de ferro, a maior preocupação dos órgãos de saúde pública tem sido a escalada da obesidade.

O conceito de saudabilidade nas áreas da alimentação e da nutrição não é atemporal, ou seja, pode ser alterado de acordo com a época, pois reflete, em especial, as preocupações com a saúde pública contemporânea. Ter uma alimentação saudável atualmente significa seguir os preceitos da Organização Mundial da Saúde (OMS), adotados e adaptados no Brasil por meio do documento *Guia alimentar para a população brasileira*, do Ministério da Saúde (MS) (BRASIL, 2014).

Segundo esse documento, que se propõe a orientar a população brasileira sobre como ter uma alimentação adequada e saudável, o ato de comer é mais do que ingerir nutrientes, pois envolve aspectos socioculturais presentes nos hábitos alimentares, além de derivar de sistemas alimentares sustentáveis. A obra enfatiza, portanto, a necessidade de escolhas adequadas, baseadas em comida "de verdade" produzida com técnicas culinárias passadas de geração para geração, e destaca o papel social da alimentação feita em família.

Embora o *Guia alimentar para a população brasileira* não aborde diretamente as questões nutricionais, já que não fundamenta suas orientações em consumo de calorias e nutrientes, segue o recomendado pela OMS quanto à alimentação saudável:

* limitar o uso de gorduras diárias;
* substituir as gorduras saturadas por gorduras insaturadas;
* eliminar gorduras trans;
* limitar a ingestão de açúcares livres;
* limitar a ingestão de sódio;
* aumentar a ingestão de frutas, hortaliças, cereais integrais e frutas secas.

Pensando na obtenção desses resultados, a obra traz as seguintes observações a respeito da escolha dos alimentos usados no preparo das refeições diárias:

* dar preferência para alimentos *in natura* ou minimamente processados, fazendo deles a base da alimentação;
* utilizar com parcimônia os alimentos processados, apenas como ingredientes ou parte de uma refeição;
* no preparo das refeições, usar óleos, gorduras, sal e açúcar em pequenas quantidades;
* evitar o consumo de alimentos ultraprocessados.

Além da escolha dos alimentos, outros aspectos são considerados relevantes para a saudabilidade da alimentação, como o ato de comer com regularidade e atenção e, sempre que possível, acompanhado.

A obra destaca, ainda, a importância de locais adequados para a compra e o consumo de alimentos, além do incentivo para que as pessoas cozinhem, desenvolvendo e praticando habilidades culinárias, e partilhem receitas.

SAIBA MAIS!

Para mais detalhes sobre a classificação dos alimentos, acesse o *Guia alimentar para a população brasileira* em: https://bvsms.saude.gov.br/bvs/publicacoes/guia_alimentar_populacao_brasileira_2ed.pdf.

Quem deseja ter uma alimentação adequada e saudável deve comprar ingredientes *in natura* e frescos, evitar produtos industrializados, respeitar os hábitos alimentares da sua região, cozinhar com mais frequência em casa, valorizar as refeições em família ou em grupo e saber escolher locais para se alimentar fora do lar.

Para quem pretende empreender na área da alimentação saudável, fazendo e vendendo preparações ou refeições, essas orientações são muito importantes, pois determinam uma linha de atuação que tem sido valorizada por esse mercado consumidor.

Não devem ser relevadas as tendências de consumo que não observem os conceitos de alimentação saudável, mas que procurem oferecer praticidade ou, simplesmente, prazer.

1.2 MERCADO CONSUMIDOR E PÚBLICO-ALVO

Conhecer o consumidor e o mercado onde se pretende atuar é primordial para um novo negócio. O pequeno empreendedor deve definir seu público-alvo, ou seja, seu consumidor principal, pois todo o planejamento será focado nesse potencial cliente, considerando-se gênero, faixa etária, situação socioeconômica, condições de trabalho e convivência social. Por exemplo, uma pessoa que trabalha o dia inteiro e faz sua refeição principal fora de casa valorizará um produto cujo preparo seja rápido, mas sem deixar de levar em conta a palatabilidade desse alimento.

Dado que esse novo produto não será produzido em uma indústria de alimentos – na qual, geralmente, há uma equipe de marketing para estudar o mercado –, o pequeno empreendedor deve escolher meios para obter um conhecimento amplo sobre seus futuros clientes, a partir de pesquisas via redes sociais e conversas diretas com esses potenciais consumidores, por exemplo. Outra estratégia possível é distribuir amostras do produto a algumas pessoas consideradas competentes para avaliá-lo.

Igualmente valiosa é uma vasta pesquisa on-line sobre produtos similares e empresas concorrentes no mesmo mercado, para coletar dados sobre preços praticados, tipos de embalagem, formas de conservação, de distribuição e de entrega e até observar como são feitas a divulgação e a promoção dos produtos.

SAIBA MAIS!

Observe seus futuros concorrentes e pesquise sobre eles. Aprenda com eles. Identifique erros e acertos. Se quiser ter uma visão mais ampla sobre como usar a mídia no mercado de alimentos em geral, consulte as pesquisas da empresa Nielsen, no site: https://global.nielsen.com/pt/.

Nesta era digital em que estamos inseridos, a internet é uma alternativa mandatória para qualquer atividade comercial. Philip Kotler, considerado o pai do marketing, junto de Hermawan Kartajaya e Iwan Setiawan, publicou em 2017 o livro *Marketing digital 4.0: do tradicional ao digital,* no qual é feita uma análise sobre os públicos que definem as tendências e direcionam as vendas de qualquer produto ou serviço. Segundo os autores, são os jovens, as mulheres e os denominados *netizens* (cidadãos da internet) que influenciam, de forma mais eficaz, o que fará sucesso no mercado de produtos e serviços. Os jovens adotam mais rapidamente os novos produtos e tecnologias, definindo tendências de consumo; as mulheres são, segundo os autores, coletoras de informações, atuando como supervisoras de compras, enquanto gerenciam o lar, as finanças e os ativos; e os *netizens*, por fim, são os chamados conectores sociais, pois estão sempre conectados, conversam e se comunicam entre seus pares. Esses três públicos definem, portanto, o marketing na era digital.

O pequeno empreendedor deve estar sempre atento às possibilidades de conexão com tais públicos, especialmente nas etapas iniciais de pesquisa de mercado e na definição das formas de promoção do produto, quando este já estiver desenvolvido e pronto para entrar no mercado.

1.3 TENDÊNCIAS EM ALIMENTAÇÃO

Um trabalho realizado em 2010 pelo Instituto de Tecnologia de Alimentos (Ital) em parceria com a Federação das Indústrias do Estado de São Paulo (Fiesp) gerou o relatório *Brasil food trends 2020*, que apresentou as três grandes tendências do mercado brasileiro de alimentos para os anos que se seguiriam:

1. sensorialidade e prazer;
2. saudabilidade e bem-estar;
3. conveniência e praticidade.

No campo da sensorialidade e do prazer, os consumidores apontaram como importantes para a decisão de compra as seguintes características nos produtos:

* valorização da culinária e da gastronomia tradicionais ou regionais;
* maior valor agregado (gourmet, iguarias, premium, delicatessen);
* forte apelo sensorial, como variação de sabores;
* apelo à indulgência, ou seja, apenas prazer;

* feitos com ingredientes considerados exóticos;
* embalagem e design diferenciados, lúdicos ou interativos;
* possibilidade de harmonização com bebidas;
* específicos para lazer, turismo e socialização em torno da alimentação.

Para os consumidores que valorizam saudabilidade e bem-estar, foram apontadas as seguintes características como fatores de compra dos produtos:

* benéficos ao desempenho físico e mental, como à saúde cardiovascular;
* com ingredientes funcionais (probióticos, prebióticos e simbióticos);
* destinados a dietas específicas e alergias alimentares;
* feitos com ingredientes naturais e sem aditivos;
* isentos ou com teores reduzidos de sal, açúcar e gorduras;
* fortificados, energéticos, para esportistas;
* feitos com ingredientes orgânicos;
* minimamente processados;
* vegetais (frutas, hortaliças, flores e plantas medicinais);
* com propriedades cosméticas;
* com selos de aprovação de sociedades médicas.

Para os consumidores que valorizam conveniência e praticidade, as características apontadas para a compra foram:

* pratos prontos e semiprontos;
* produtos minimamente processados de fácil preparo;
* embalagens de fácil abertura, fechamento e descarte;
* artigos de rápido preparo para forno e micro-ondas;

* *kits* para preparo de refeições completas;
* em pequenas porções ou para consumo individual (snacking, finger food);
* adequados para consumo em diferentes lugares e situações (por exemplo, para comer em trânsito);
* produtos com serviços de delivery.

Fica patente, portanto, que a maioria dos consumidores preza muito pela qualidade sensorial (aparência, cor, odor, sabor, consistência, textura), mas se preocupa também com as questões de saudabilidade e praticidade.

Como se pode constatar, as tendências de consumo refletem a vida contemporânea: pessoas com pouco tempo para se alimentar, mas querendo benefícios de saúde sem renunciar ao prazer.

SAIBA MAIS!

Se quiser conhecer o relatório completo sobre a pesquisa *Brasil food trends 2020*, acesse: https://ital.agricultura.sp.gov.br/brasilfoodtrends/.

1.4 TENDÊNCIAS DO MERCADO DE ALIMENTOS SAUDÁVEIS

1.4.1 ALIMENTOS FUNCIONAIS

Uma forte tendência no mercado de alimentos tem sido a procura por aqueles com apelos (*claims*) para propriedades funcionais ou de saúde. É preciso destacar que um produto com esses recursos deve seguir as normas da Agência Nacional de Vigilância Sanitária (Anvisa), do MS, que regulamenta o uso da expressão "funcional", mantendo uma lista atualizada de novos alimentos e ingredientes por ela aprovados. Dessa forma, para utilizar esse tipo de chamada (apelo) no rótulo de um produto, é necessário saber quais termos são autorizados pela Anvisa, assunto que será explorado no capítulo 5, "Embalagem e rotulagem de alimentos".

O conceito de alegação de propriedade funcional de um ingrediente ou alimento está pautado em seu papel metabólico ou fisiológico no crescimento, no desenvolvimento, na manutenção e em outras funções normais do organismo humano. Assim, os alimentos com alegação de propriedade funcional podem ser nutrientes ou não nutrientes, como compostos bioquímicos que exercem essas funções no organismo. Já o conceito de alegação de propriedade de saúde sugere ou implica a existência de uma relação entre o alimento ou ingrediente e alguma doença ou condição relacionada à saúde. Ainda não são permitidas pela legislação as alegações de saúde que relacionam o alimento ou ingrediente à cura ou à prevenção de doenças.

Algumas alegações de propriedades funcionais de ingredientes ou alimentos já são reconhecidas pela comunidade científica e autorizadas pela legislação, como:

* **Ácidos graxos da família ômega 3:** para manutenção de níveis saudáveis de triglicerídeos na circulação sanguínea.

* **Pigmentos da família dos carotenoides (licopeno, luteína, xantina):** com ação antioxidante de proteção das células contra os radicais livres.

* **Prebióticos (fruto-oligossacarídeos e inulina):** ativam a microflora intestinal, favorecendo o bom funcionamento do intestino.

* **Probióticos (bifidobactérias e lactobacilos):** favorecem as funções gastrointestinais, reduzindo o risco de constipação e câncer de cólon.

* **Proteína de soja:** para redução dos níveis de colesterol.

* **Isoflavonas da soja:** têm ação estrogênica, com redução dos sintomas da menopausa.

* **Fibras alimentares em geral:** auxiliam no funcionamento do intestino.

* **Fibras alimentares betaglucana, fotoesteróis e quitosana:** auxiliam na redução da absorção de gordura e colesterol.

Esses alimentos ou ingredientes têm, portanto, efeitos benéficos à saúde, além de suas funções nutricionais básicas, mas é necessário que o consumo seja regular e que a dieta seja equilibrada, balanceada, para que os benefícios alegados sejam alcançados.

Como já vimos, o *Guia alimentar para a população brasileira* indica maior consumo de vegetais, frutas e cereais integrais na alimentação regular, e grande parte dos componentes ativos estudados encontra-se nesses alimentos. Para alimentos processados, o consumidor deve estar atento à eficácia do componente, avaliada por pesquisas sérias, e seguir as instruções na rotulagem.

SAIBA MAIS!

Para conhecer a relação dos novos ingredientes e alimentos aprovados pela Anvisa, acesse: https://app.powerbi.com/view?r=eyJrIjoiNTA3ZDQxOGEtYzg0NC00NTI1LTg0MzYtOGEzMWU4MThlNjAwIiwidCI6ImI2N2FmMjNmLWMzZjMtNGQzNS04MGM3LWI3MDg1ZjVlZGQ4MSJ9.

1.4.2 ALIMENTOS ORGÂNICOS

Para ser considerado orgânico, o alimento *in natura* ou processado deve ser oriundo de um sistema orgânico de produção agropecuária ou obtido em processo extrativista sustentável que não prejudique o ecossistema local. O produto orgânico deve ser certificado por instituições credenciadas pelo Ministério da Agricultura, Pecuária e Abastecimento (Mapa) para ser comercializado, a não ser que seja produzido pela agricultura familiar cadastrada nesse órgão e comercializado exclusivamente por venda direta ao consumidor final.

SAIBA MAIS!

Se for utilizar ingredientes ou alimentos orgânicos em seu produto, veja as orientações do Mapa neste vídeo: https://youtu.be/XnDviEiVuz0.

Os sistemas orgânicos de produção precisam atender a várias prerrogativas, como isenção de contaminantes que possam ser evitados, proteção do meio ambiente e da saúde do produtor e do trabalhador, preservação da diversidade biológica e utilização, de forma sustentável, do ar, do solo e da água, evitando-se desperdícios.

Alimentos orgânicos são, portanto, sustentáveis por definição, e é possível assegurar sua origem para criar novos produtos conferindo os selos de certificação de artigos embalados. Isso exige a disponibilização dos selos nos produtos vendidos a granel e, na compra direta do produtor, requer a apresentação do documento do Mapa.

1.5 PRODUTOS ALIMENTÍCIOS PARA RESTRIÇÕES ALIMENTARES

Uma considerável parcela da população mundial apresenta algum tipo de restrição alimentar, em razão de alergias ou intolerâncias a componentes presentes nos alimentos. Além dessas restrições, existem, ainda, pessoas que, por sofrerem de doenças crônicas não transmissíveis, como hipertensão, diabetes e distúrbios cardiovasculares, não podem consumir determinados alimentos.

O mercado de produtos alimentícios tem procurado suprir essa demanda crescente, o que mostra uma oportunidade de negócio para o pequeno empreendedor nessa área. Para tanto, é necessário conhecer os conceitos e a diferenciação de tais restrições alimentares.

1.5.1 INTOLERÂNCIAS E ALERGIAS ALIMENTARES

A intolerância alimentar é uma reação fisiológica anormal à ingestão de alimentos que não envolve mecanismos imunológicos, causando respostas que se manifestam principalmente no trato gastrointestinal, mas podem ter sintomas similares aos da alergia alimentar.

A intolerância alimentar mais atendida pelo mercado de alimentos é a da lactose (açúcar do leite), caracterizada pela deficiência da enzima intestinal lactase, o que diminui a capacidade de digestão desse açúcar e causa cólicas abdominais, flatulência e diarreia. Nos rótulos dos produtos embalados, é obrigatório informar a presença de lactose no produto, se o leite ou algum derivado fizer parte da receita ou da formulação.

É necessário diferenciar a intolerância não celíaca ao glúten da doença celíaca, que é um erro inato do metabolismo ao não permitir a digestão e a absorção desse componente alimentar. O glúten é uma substância formada pela junção das proteínas gliadina e glutenina com água, que apresenta características de elasticidade e estrutura muito importantes na panificação. Essas proteínas formadoras de glúten estão presentes no trigo e em outros cereais, como centeio e cevada. A aveia é um cereal que não contém as proteínas formadoras do glúten em sua composição, mas pode haver contaminação em seu processamento junto a outros cereais.

Existem, portanto, dois públicos distintos que consomem alimentos sem glúten: os que possuem a doença celíaca, que já nasceram com essa deficiência, e aqueles que têm intolerância não celíaca ao glúten, a qual pode ser adquirida em outras fases da vida. Na produção sem glúten, é necessária muita atenção para não acontecer alguma contaminação com outros alimentos, ingredientes, superfícies de preparo, utensílios e equipamentos que possam ter algum resíduo de glúten, pois, no caso de celíacos, os efeitos à saúde podem ser muito graves. Por essa razão, a legislação atual determina que é obrigatório informar nos rótulos dos produtos embalados a presença ou ausência de glúten.

A alergia a algum alimento é caracterizada por uma resposta imunológica do organismo, causando manifestações clínicas, muitas vezes graves, como urticária, broncoespasmo e até anafilaxia (choque anafilático). Os alimentos que mais causam alergias alimentares são aqueles que contêm alto teor de proteínas. As reações alérgicas a ovo, leite e amendoim são mais comuns em crianças; em adultos, as alergias acontecem mais frequentemente com amendoim, nozes, peixes e mariscos.

ATENÇÃO!

A legislação sobre rotulagem de alimentos determina que a presença de glúten, alimentos alergênicos e lactose seja informada nos rótulos dos alimentos embalados. Esse assunto é explorado no capítulo 5, "Embalagem e rotulagem de alimentos".

1.5.2 OUTRAS RESTRIÇÕES ALIMENTARES

Além das restrições descritas, existem aquelas relacionadas a problemas de saúde que impedem o consumo de determinados alimentos ou ingredientes que compõem as preparações alimentícias.

É comum no mercado a oferta de produtos sem açúcar, sal ou gordura em suas composições, para atender ao público que apresenta algum problema de saúde, como doenças crônicas não transmissíveis (diabetes, hipertensão, cardiopatias) e obesidade, ou que esteja fazendo alguma dieta de emagrecimento restritiva no consumo de calorias.

É necessário, ainda, ficar atento à crescente demanda por produtos para dietas vegetarianas ou veganas, que fazem restrições ao consumo de artigos de origem animal. A alimentação vegetariana apresenta dietas com vertentes diversas: na ovolactovegetariana, é restrito apenas o consumo de carnes; na lactovegetariana, somente leite é permitido; e na ovovegetariana, tolera-se apenas ovo; na vegana, ou vegetariana estrita – a modalidade mais restritiva –, nenhum ingrediente de origem animal é permitido, inclusive mel. Tem se destacado no mercado a corrente de produtos vegetarianos estritos *plant-based*, baseada apenas em ingredientes originados de plantas, cujo apelo, além do alimentar, é contribuir com a sustentabilidade do planeta.

1.6 ETAPAS PARA O DESENVOLVIMENTO DE UM PRODUTO ALIMENTÍCIO

Como vimos até agora, o desenvolvimento de um produto alimentício para lançamento no mercado consumidor requer várias etapas, que, dentro de uma indústria de alimentos, seriam desenvolvidas por diversas equipes: marketing, pesquisa e desenvolvimento, cozinha experimental, vendas, entre outras, dependendo do porte e da política interna da empresa. Essas etapas abrangem desde a concepção do produto até seu lançamento no mercado.

É bem provável que uma empresa da área de alimentos balize sua atuação no lançamento de um novo produto conforme os 4 Ps do marketing ou composto de marketing, que são um conjunto de fatores que orientam a obtenção de resultados positivos nas vendas de um novo artigo:

* **Produto:** o que é, qual o conceito, para quem foi desenvolvido, quais os benefícios e os diferenciais de venda.

* **Preço:** quais são os custos diretos e indiretos para a produção, por quanto será vendido, qual será a margem de lucro.

* **Praça:** como e onde o produto será vendido e entregue para o consumo.

* **Promoção:** quais ações de marketing serão feitas para comunicar ao seu público-alvo, qual mídia será utilizada, quanto custará essa divulgação.

Embora o pequeno empreendedor não se caracterize como uma indústria alimentícia, pode fazer uso desses conceitos para estabelecer suas estratégias comerciais para o novo produto.

Na situação real de um pequeno empreendedor que pretende entrar nesse mercado de comércio alimentício, a equipe de sua empresa muitas vezes se resume ao próprio empreendedor e a seus sócios, que, quase sempre, pertencem ao seu círculo familiar. O planejamento deve, portanto, ser meticuloso e suplantar a falta de uma equipe profissional na execução de cada etapa para o desenvolvimento de um produto alimentício. A figura 1.1 resume de forma concisa as etapas que devem ser consideradas.

DICA!

Elabore uma planilha de *checklist* ou lista de verificação das etapas, para não se esquecer de nenhuma delas durante o desenvolvimento do novo produto.

Figura 1.1 | **Etapas para o desenvolvimento de um produto alimentício**

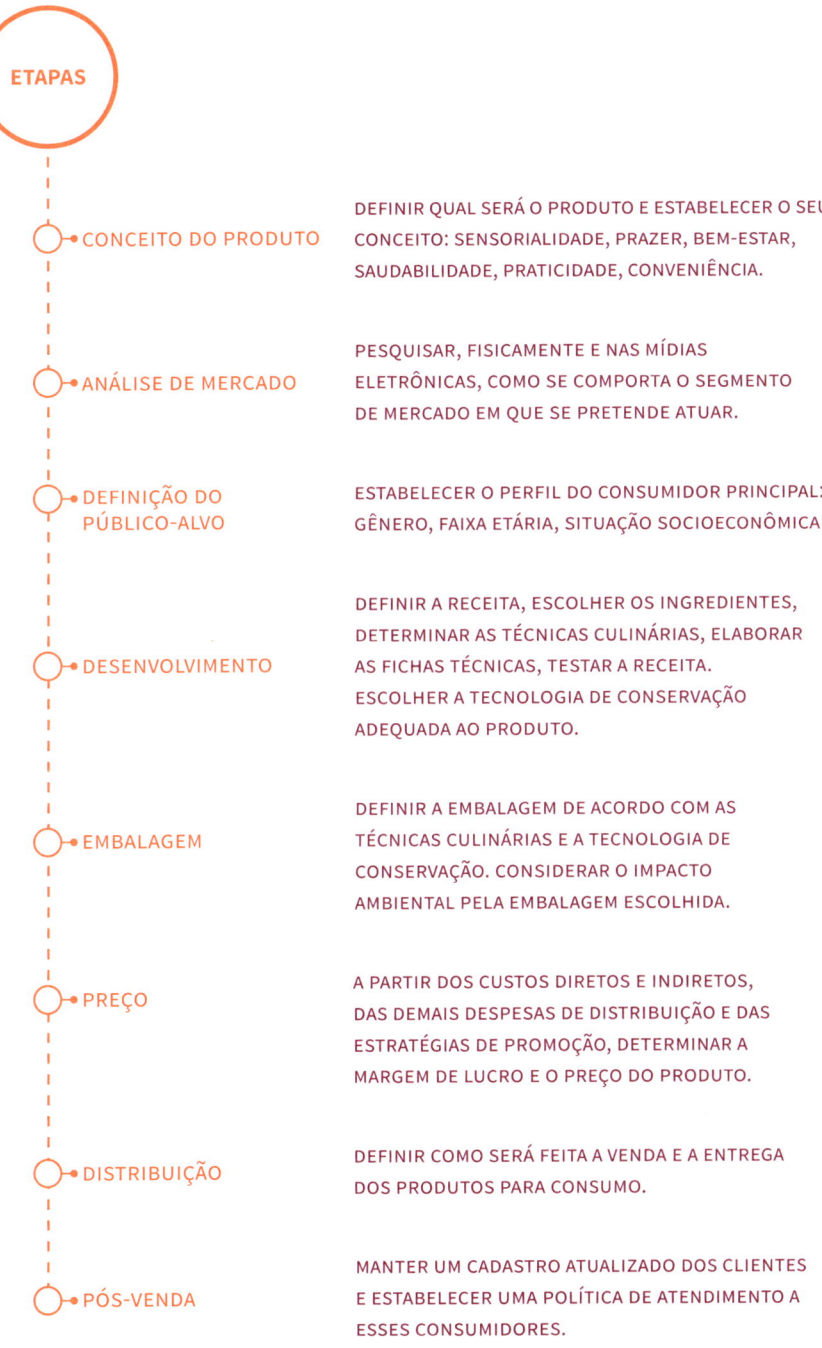

2

TÉCNICAS CULINÁRIAS E GASTRONOMIA

Para preparar alimentos, não é suficiente apenas ter habilidades culinárias. Na maioria das vezes, o cozinheiro ou o manipulador dos alimentos aplica técnicas de forma empírica, sem entender seus fundamentos. Conhecer mais detalhadamente as técnicas dietéticas ou culinárias possibilita um maior controle da atividade, evitando-se desperdícios, perdas ou mesmo o fracasso do resultado esperado. A aplicação das técnicas corretas na cozinha proporciona um melhor aproveitamento dos alimentos e dos recursos empregados em seu preparo.

Muitos empreendedores da área de alimentos optam por produzir e vender preparações cuja execução dominem muito bem e que sejam bem-aceitas por quem costuma consumir esses quitutes. Mesmo nessa situação, é possível, com um conhecimento mais profundo dos alimentos, das funções dos ingredientes e das técnicas culinárias mais adequadas, obter resultados melhores e, portanto, lucros maiores.

Para atuar nesse mercado, é preciso adquirir algumas competências além daquelas utilizadas para fazer preparações em casa, pois o consumidor não será complacente com eventuais problemas que familiares ou amigos, por exemplo, relevariam.

O objetivo deste capítulo é mostrar como aplicar as técnicas culinárias mais adequadas ao produto que está sendo desenvolvido, como escolher e utilizar os ingredientes de forma mais produtiva e como adaptar receitas para obter resultados sensoriais, higiênicos e de qualidade que garantam assiduidade de compra pelos consumidores.

2.1 FATORES QUE MODIFICAM OS ALIMENTOS

Os alimentos podem ser classificados de várias maneiras, de acordo com suas características intrínsecas:

a) **Quanto à origem:** podem ser de origem animal ou vegetal.

b) **Quanto ao valor nutritivo:** são os veículos de calorias e nutrientes necessários ao crescimento, ao desenvolvimento e à manutenção do organismo humano e à promoção da saúde. De acordo com a composição bioquímica, os alimentos podem ser classificados como fontes de calorias (energia) e de nutrientes (carboidratos, proteínas, gorduras, vitaminas e minerais).

c) **Quanto ao processamento:** podem ser obtidos na alimentação sob as formas *in natura*, minimamente processados, processados ou ultraprocessados.

d) **Quanto à perecibilidade:** os alimentos são denominados perecíveis ou não perecíveis, dependendo da origem, da composição química, do teor de água presente em sua composição, da presença de determinados nutrientes e da tecnologia de conservação a que são submetidos.

Cada alimento tem suas próprias características físico-químicas e estruturais, que sofrem alterações durante as operações culinárias. Os aspectos físicos são aqueles percebidos de maneira sensorial, como formas líquidas, sólidas, gasosas e viscosas. O teor de umidade determina a apresentação do alimento: pó, pedaços sólidos, sólido, creme, pasta ou líquido. Existem, ainda, determinadas substâncias presentes nos alimentos que têm funcionalidades específicas, como a capacidade de formar gel dos amidos, a elasticidade proporcionada pelo glúten ou a capacidade de cristalização dos açúcares. As características químicas são aquelas decorrentes da composição nutricional e da quantidade de água do alimento.

Quando os alimentos são submetidos a alguma operação culinária, essas características são alteradas por meio de técnicas que modificam os alimentos a partir de fatores físicos, químicos ou biológicos, com o objetivo de melhorar os aspectos sensoriais (cor, odor, sabor e textura), manter os nutrientes presentes no alimento e garantir a qualidade higiênico-sanitária.

* **Fatores físicos:** alteram a estrutura física dos alimentos, como operações de subdivisão, dissolução, união e aplicação de temperatura.

* **Fatores químicos:** modificam a composição química dos alimentos, como os processos de cocção (cozinhar), a adição de ácidos e álcalis (bases) ou as reações e combinações químicas que acontecem durante as operações culinárias.

* **Fatores biológicos:** são decorrentes da ação de enzimas, bactérias e fungos (bolores e leveduras).

A aplicação de técnicas culinárias específicas e adequadas a cada alimento traz, portanto, benefícios à preparação, transformando ingredientes isolados em pratos ou preparações bem apresentadas, saborosas e seguras. Tais técnicas são aplicadas em diferentes etapas do preparo de uma receita e são chamadas operações culinárias.

Quadro 2.1 | **Operações culinárias que modificam os alimentos**

Etapa	Operação	Objetivo
Pré-preparo (antes da cocção final)	Subdivisão simples: cortar, picar, moer, triturar.	Obter partes menores do alimento.
	Subdivisão com separação de partes: descascar, espremer, decantar, centrifugar, sedimentar, coar, filtrar.	Retirar partes indesejáveis, separar sólidos e líquidos.
Preparo (aplicação de calor)	União: misturar, bater, amassar, sovar.	Homogeneizar ingredientes.
	Cocção com calor úmido: ferver, cozinhar a vapor, cozinhar sob pressão.	Obter alterações com a hidratação do alimento.
	Cocção com calor seco: refogar, grelhar, fritar em gordura sob imersão, assar.	Obter alterações com a desidratação do alimento.
	Cocção com calor misto: ensopar, guisar, brasear, estufar, abafar.	Obter alterações mantendo a hidratação do alimento e concentrando seu sabor.

Agora que foram apresentados os fundamentos das operações culinárias, a seguir serão abordados alguns dos métodos de cocção mais utilizados no preparo de alimentos:

* **Abafar:** o alimento é aquecido em pouca gordura, em uma panela bem tampada e temperatura alta.

* **Assar:** a cocção do alimento previamente temperado é feita sob calor seco, dentro do forno, que, por sua vez, proporciona a transmissão de calor por ar confinado.

* **Brasear:** cocção lenta, iniciada com calor forte, na chama ou no forno, para que, posteriormente, o recipiente seja tampado e colocado no forno com adição de líquido.

* **Cozinhar a vapor sob pressão:** utilizar uma panela de pressão, com líquido suficiente para produzir o vapor. É um método mais eficiente para alimentos pouco tenros.

* **Cozinhar a vapor:** submeter o alimento a vapor de água. Esse método mantém as vitaminas e a cor dos alimentos.

* **Ensopar:** refogar o alimento adicionando líquido necessário para amaciá-lo.

* **Escalfar (método poché):** o alimento é cozido em pequenos volumes de líquido (água, caldo ou molho), mantendo-se a temperatura abaixo do ponto de ebulição.

* **Estufar:** cocção do alimento em seu próprio suco, tampado e em temperaturas não muito elevadas.

* **Ferver:** mergulhar o alimento em água ou outro líquido fervente até o ponto de cocção desejado. Pode haver perda de vitaminas hidrossolúveis na água.

* **Fritar:** submergir o alimento em gordura líquida, em alta temperatura.

* **Gratinar:** método de finalização para dar cor à superfície do alimento já cozido, usando algum ingrediente que, quando aquecido, adquira uma cor dourada.

* **Grelhar:** a aplicação de calor é feita por meio de uma chapa ou grelha de metal em contato direto com o alimento.

* **Guisar:** semelhante a refogar, utiliza-se pouco líquido, mexendo constantemente, sem tampar a panela.

* **Refogar:** sem a adição de líquidos, a água do alimento e a gordura acrescentada funcionam como meio de transmissão do calor.

* **Saltear:** a cocção é feita em pouca gordura, com o alimento em pequenos pedaços, de forma rápida.

> **DICA!**
> Ao escolher o método de cocção do preparo, avalie a quantidade inicial de líquidos e gorduras dos alimentos e o resultado que pretende obter.

2.2 FORMAS DE TRANSMISSÃO DE CALOR AOS ALIMENTOS

Conhecidos os diversos métodos de cocção adotados na cozinha, serão analisadas agora as formas de transmissão de calor aos alimentos. Vale a pena lembrar que existem cinco tipos de energia na natureza: térmica, elétrica, mecânica, radiante e química. O calor transmitido aos alimentos é uma forma de energia térmica, que será transformada a partir de outro tipo de energia ou propagada diretamente, dependendo do equipamento ou utensílio usados. A energia proveniente de um equipamento ou diretamente do fogo será, portanto, transmitida ao alimento ou gerada nele. Nos equipamentos utilizados na cozinha, o calor pode ser transmitido das seguintes maneiras:

* **Por condução:** ocorre pelo contato direto entre as moléculas, sem intermediação – ou seja, ao ser mantida a transmissão de calor de forma constante, há o choque entre as moléculas, transferindo energia e calor da mais energética (mais quente) à menos energética (mais fria). O uso de grelhas, chapas metálicas ou frigideiras são exemplos de transmissão de calor por condução.

* **Por convecção:** é feita por meio de um intermediário, ar ou líquido, com as moléculas movimentando-se e formando uma corrente de convecção. A porção mais próxima do calor se aquece antes e se torna menos densa, dirigindo-se para a superfície e fazendo a porção mais densa se deslocar para a parte inferior do recipiente. Quando um alimento é colocado em água fervente, pode-se observar a movimentação do líquido, no sentido vertical, formando o borbulhar que enxergamos no recipiente. Nos fornos convencionais, a transferência de calor é feita por meio do ar confinado dentro da câmara.

* **Por radiação:** o calor é transferido ou produzido no alimento por meio de ondas de energia radiante, que vibram em frequência alta e se deslocam rapidamente no espaço, elevando a temperatura na

superfície do alimento, e o calor formado nessas moléculas é transferido por condução para o seu interior. O forno de micro-ondas, as resistências de torradeiras e as grelhas elétricas são exemplos de transmissão de calor por radiação.

Figura 2.1 | **Transmissão de calor**

2.2.1 EQUIPAMENTOS E UTENSÍLIOS

Os equipamentos e os utensílios usados na preparação dos alimentos têm funções e características diferentes, que devem ser adequadas ao resultado esperado no processo de cocção. Como foram desenvolvidos e aprimorados no decorrer do tempo, visando agilizar, facilitar e melhorar as tarefas culinárias, a oferta desses equipamentos e utensílios no mercado é vasta, com diversidade de tamanhos, materiais, capacidades, design e desempenho, tanto para a preparação doméstica de alimentos como para uso institucional, em restaurantes e serviços de alimentação de maior porte.

Serão explorados a seguir alguns tipos de equipamentos e utensílios disponíveis no mercado destinados à cocção de alimentos e refeições.

2.2.1.1 FOGÕES

Equipamentos tradicionais para o preparo de alimentos, os fogões têm uma estrutura metálica, com duas a oito bocas (queimadores), com acabamentos diversos, em aço inox ou metal esmaltado. Em geral, requerem de uma entrada de gás e uma fonte de energia elétrica para o acendimento automático. Podem ter um forno embutido no corpo inferior.

Além dos fogões alimentados por gás, há também os fogões por indução, cujo funcionamento consiste na geração de um campo eletromagnético que aquece um recipiente de metal pelo contato direto, sendo possível determinar a temperatura exata de cocção. Sua vantagem é não gerar calor residual na placa de aquecimento, economizando energia; entretanto, têm a desvantagem de só poderem ser utilizados com um tipo específico de panela, que tenha um fundo com metal ferroso, normalmente em aço inox ou ferro fundido.

2.2.1.2 FORNOS COMUNS

Os fornos são equipamentos que cozinham os alimentos com calor seco, por meio do ar confinado dentro de uma câmara; portanto, o calor é transferido ao alimento por convecção. Podem estar acoplados a um fogão ou ser individuais, em vários tamanhos, com abastecimento a gás ou energia elétrica.

2.2.1.3 FORNOS COMBINADOS

São equipamentos desenvolvidos com alto nível tecnológico, permitindo a utilização de calor seco, úmido (vapor) ou misto, por meio de convecção, de forma individual ou combinada. Um computador controla essas combinações, recebendo informações por meio de sensores que estão na câmara de cocção. A grande vantagem, além da possibilidade de combinar tipos de calor, é a existência de várias prateleiras internas, cada qual atuando como uma câmara de calor independente, o que possibilita cozinhar diversos tipos de alimento simultaneamente, com grande economia de tempo e energia.

2.2.1.4 FORNOS DE MICRO-ONDAS

As micro-ondas produzidas nesse estilo de forno são tipos especiais de ondas eletromagnéticas, que não conseguimos ver nem ouvir e que se deslocam no espaço rapidamente. No forno de micro-ondas, essas ondas são geradas por um pequeno aparelho chamado magnétron, cuja função é converter energia elétrica em eletromagnética, propagando-a dentro da câmara de cocção. As moléculas de água presentes na maioria dos alimentos, ao serem atingidas pelas micro-ondas, começam a se movimentar rapidamente, produzindo calor, que, inicialmente, é espalhado para as moléculas mais próximas, na superfície dos alimentos; a seguir, o calor atinge o centro do alimento por condução. A vantagem desse tipo de equipamento é a rapidez de cocção, sem necessidade de fonte externa de calor. Entretanto, como os alimentos geram vapor, que fica confinado na câmara, não é possível obter resultados de calor seco, como dourar, por exemplo. Tampouco conseguem-se bons resultados em massas feitas com fermento biológico, pois o tempo de cocção não é suficiente para o seu crescimento; em massas preparadas com fermento químico, é possível adaptar alguns tipos de receitas.

2.2.1.5 PANELAS, CAÇAROLAS E SIMILARES

Existe uma variedade enorme de utensílios para cocção, como panelas, caçarolas, frigideiras, assadeiras, fôrmas, entre outros. A diversidade de materiais e acabamentos também é muito grande, permitindo escolhas pautadas em tamanho, tipo de fogão adotado, capacidade, design, desempenho e facilidade de limpeza.

Vale destacar que os materiais que compõem as panelas metálicas devem ser certificados compulsoriamente pelo Instituto Nacional de Metrologia, Qualidade e Tecnologia (Inmetro), conforme exigência da Agência Nacional de Vigilância Sanitária (Anvisa), do Ministério da Saúde (MS).

As panelas mais utilizadas são feitas de alumínio, pois são mais baratas e leves. Entretanto, muitos optam por panelas com outras funcionalidades, como resistência, facilidade de limpeza ou bom design – é o caso de panelas de vidro, inox, ferro, ferro esmaltado, cerâmica, barro, cobre e pedra-sabão.

2.2.1.6 FRITADEIRAS ELÉTRICAS SEM ÓLEO (*AIRFRYER*)

Em razão da preocupação atual em reduzir a ingestão de gorduras, esse tipo de fritadeira sem óleo tem sido bastante utilizado. Trata-se, na verdade, de um pequeno forno de convecção que usa o ar quente que circula rapidamente dentro da bandeja de alimentos. O ar quente é impulsionado por hélices de altíssima velocidade e gerado por uma bobina elétrica dentro da câmara, fritando ou assando os alimentos de maneira rápida e sem necessidade de imersão em gordura. Como não produz fumaça e possui um filtro de ar, não deixa odores desagradáveis de gordura no ambiente.

> **NÃO CONFUNDA!**
>
> → **Equipamentos:** são bens duráveis que requerem algum tipo de instalação para funcionarem – elétrica, hidráulica, de bateria, rede de gás ou vapor.
>
> → **Utensílios:** são bens de reposição, presentes em maior número na produção de alimentos. Podem ser usados no preparo, na distribuição ou no consumo de refeições.

2.3 FUNCIONALIDADES CULINÁRIAS DE INGREDIENTES

As preparações culinárias normalmente têm como base um ou mais ingredientes que caracterizamos como principal. A receita é elaborada com o objetivo de transformar esse ingrediente, melhorando suas características sensoriais (aparência, cor, odor, sabor, textura). Entretanto, são necessários outros componentes para atingir o resultado esperado. Esses acessórios são chamados ingredientes culinários; cada um deles tem uma função específica nas receitas, como colorir, espessar, ressaltar o sabor, conferir maciez, proporcionar estrutura, entre outras.

Veja a seguir as funcionalidades desses ingredientes culinários.

2.3.1 INGREDIENTES CULINÁRIOS

2.3.1.1 OVOS

Embora possam ser o ingrediente principal em uma receita (cozidos, fritos, poché, omeletes), os ovos também exercem importantes funções culinárias em várias preparações:

* **Aeração:** as claras dos ovos têm a característica físico-química de incorporar ar quando agitadas com vigor, formando as chamadas claras em neve. Dessa forma, quando agregadas às receitas, contribuem com a levedação de massas, soufflés e outros. Para um melhor resultado de incorporação do ar, os ovos devem estar em temperatura ambiente, e é importante que estejam frescos e sejam novos.

* **Espessamento:** em razão de seu alto teor de proteínas, os ovos atuam como espessantes, sendo muito utilizados para engrossar cremes, pudins, sopas e molhos. É possível notar essa propriedade ao substituir uma colher (de sopa) de farinha de trigo por um ovo, chegando a resultados semelhantes de engrossamento.

* **Liga:** também em decorrência de suas proteínas, os ovos são utilizados como elemento de ligação entre ingredientes, mantendo-os unidos, como no preparo de almôndegas e croquetes de carne ou bolinhos de arroz.

* **Emulsão:** é a mistura de dois líquidos imiscíveis, ou seja, que não se misturam perfeitamente. A gema do ovo é o agente de emulsão no preparo de maionese e outros molhos emulsionados. No caso da maionese, é necessário bater a mistura de gema com óleo, até que os dois líquidos formem o que chamamos de dispersão coloidal (quando pequenas gotículas de um líquido estão dispersas em outro líquido).

2.3.1.2 GORDURAS

As gorduras são componentes dos alimentos que têm uma função calórica essencial, pois cada grama de gordura absorvido pelo organismo produz 9 kCal de energia. Além disso, são importantes veículos de vitaminas lipossolúveis (que se combinam com gordura), como as vitaminas A, D, E e K. Existem gorduras de origem animal e de origem vegetal, cada qual com suas respectivas atuações na nutrição, pois as primeiras possuem ácidos graxos saturados; e as segundas, insaturados. Além de sua relevância nutricional, têm um papel fundamental nas preparações culinárias, pois são responsáveis por conferir mais sabor aos alimentos. As gorduras de origem animal são sólidas em temperatura ambiente, e, do ponto de vista culinário, exercem funções diferentes das gorduras de origem vegetal, que são, em sua maioria, líquidas à temperatura ambiente.

O uso culinário das gorduras pode ser assim detalhado:

* **Óleos vegetais:** são líquidos à temperatura ambiente, originados de plantas como soja, milho, girassol, canola, amendoim e algodão. Durante a produção, são refinados para perder a cor, o sabor e o odor originais da planta. As aplicações culinárias desses óleos são: dourar, corar, fritar e refogar alimentos, atuar como bons

condutores de calor, agregar sabor, conferir maciez a preparações como pães e bolos e untar fôrmas e frigideiras.

* **Azeite de oliva:** é feito a partir da prensagem mecânica de azeitonas, sem ser necessariamente submetido a processos de purificação ou refinação, como o azeite extravirgem, que é obtido na primeira extração. É rico em ácidos graxos monoinsaturados e sua aplicação culinária se dá principalmente em saladas e finalizações de pratos, além de ser utilizado no preparo de molhos ou emulsões, como maionese. Quando é aquecido a altas temperaturas, pode perder odor e sabor, o que não compromete, contudo, seu valor nutricional.

* **Banha:** é a gordura proveniente dos tecidos gordurosos dos suínos, extraída por meio de aquecimento lento até se obter um óleo que se solidifica à temperatura ambiente. É uma gordura saturada, com propriedade de isolar as partículas de glúten, e confere, como toda gordura, maciez às preparações. A banha apresenta cor branca, tem sabor e odor característicos, e sua principal funcionalidade como ingrediente é dar plasticidade às massas da pastelaria, como de tortas e de empadas (massa podre).

* **Gordura vegetal hidrogenada:** é uma gordura sólida obtida pela hidrogenação de óleos vegetais líquidos. Sua aparência e sua cor são similares às da banha, mas sem odor e sabor marcantes. Em termos de aplicação culinária, oferece vantagens no preparo de pastelaria, assim como a banha, pois exige menor quantidade de farinha e dá mais plasticidade à preparação. Quando utilizada no preparo de bolos, garante maciez e crescimento, podendo também ser usada no preparo de glacês. No entanto, seu consumo é desaconselhado do ponto de vista nutricional, já que apresenta um alto teor de ácidos graxos trans. Por isso, recomenda-se evitar completamente o consumo desse tipo de gordura.

* **Manteiga:** é um produto derivado do leite, obtido por meio do batimento do creme de leite (nata). Contém uma quantidade alta de gordura (cerca de 85%) e apresenta odor e sabor característicos.

Pode ser encontrada com ou sem sal, fator que deve ser observado quando a receita não puder ser salgada. As funcionalidades culinárias são as mesmas da gordura vegetal e da banha, pois a manteiga é sólida à temperatura ambiente e dá, portanto, plasticidade às massas, embora contenha um teor menor de gordura e produza uma massa um pouco menos flocosa.

* **Margarina:** desenvolvida para substituir a manteiga, a princípio era produzida a partir da mistura de leite, gordura de baleia e água. Atualmente, é feita apenas com óleos vegetais hidrogenados, sendo obrigatória a presença de leite ou soro de leite. Suas características culinárias são similares às da manteiga em termos de aquecimento e batimento. Logo, tem as mesmas aplicações culinárias das demais gorduras sólidas, sendo muito utilizada para melhorar a maciez e proporcionar maior crescimento em bolos.

* **Creme vegetal:** é um produto similar à margarina quanto a textura, maciez, cor e sabor, mas apresenta um teor menor de gordura (cerca de 60%) e não pode ter componentes de origem animal (sem acréscimo de derivados do leite, portanto). Suas aplicações culinárias são as mesmas que as da margarina no preparo de bolos e massas, mas não deve ser usado para frituras prolongadas ou de imersão, pois contém grande quantidade de água.

> **DICA!**
>
> O uso de gorduras na culinária envolve quantidades e temperaturas diferentes a depender do tipo de preparo:
>
> → **Corar:** apenas a superfície do alimento é atingida, com pequena quantidade de gordura, em temperaturas entre 130 °C e 150 °C (batata corada).
>
> → **Dourar:** fritura rápida para impedir que o alimento fique embebido, em temperaturas entre 190 °C e 198 °C (croquetes).
>
> → **Fritar:** para alimentos ainda crus, com temperaturas variando entre 135 °C e 180 °C (batata frita), sendo 175 °C a temperatura mais usada.

2.3.1.3 SAL

O sal utilizado nas cozinhas é o cloreto de sódio (NaCl), de origem marinha. No Brasil, é adicionado de iodo como forma de prevenção do bócio endêmico, doença provocada pela falta desse mineral na alimentação. Sua funcionalidade culinária é condimentar os alimentos, ressaltando o sabor. Por ser altamente higroscópico, ou seja, por absorver água com grande facilidade, é usado como uma das técnicas mais antigas de conservação de alimentos – pois é capaz de retirar deles a água que estaria disponível para o desenvolvimento de microrganismos –, bem como na produção de peixes e carnes salgados, conservas e embutidos.

O emprego de sal nas preparações culinárias deve ser feito com parcimônia, pois uma das recomendações para a alimentação saudável é justamente reduzir a ingestão de sódio, com a finalidade de prevenir a hipertensão arterial.

Além do sal de cozinha comum, refinado, existem outros tipos que prometem vantagens na condimentação das preparações; entretanto, todos possuem teores similares de sódio, isto é, aproximadamente 400 mg por grama de sal. Já existe no mercado o sal light, que apresenta metade da quantidade de sódio do sal comum.

O sal marinho, também obtido pela evaporação da água do mar, é menos refinado e mais concentrado em minerais, com um aspecto mais granulado. Pode ser apresentado como sal grosso, para uso em preparações como grelhados e churrascos.

Bastante valorizada atualmente, a flor de sal é um produto extraído manualmente de salinas especiais em Guérande (região da França), no verão, sendo uma fonte natural de outros minerais, como potássio, cálcio, cobre, zinco e magnésio. Recebe esse nome devido ao aroma de violeta que exala quando está seca. Ela deve ser aplicada na cozinha na finalização de pratos, pois perde aroma e sabor com o calor. Apresenta coloração levemente rosada e textura fina e delicada.

Existe ainda o sal de Guérande, extraído das mesmas salinas, só que de cor cinza e com sabor predominante das algas da região.

Além desses, é possível encontrar no mercado outros tipos de sal, de origens diferentes e contendo outros minerais, como o sal rosa do Himalaia, obtido de minas de sal na Ásia, com sabor metálico, proveniente dos metais ferro e manganês, e coloração rosada. É um produto de alto custo, que também deve ser usado em finalizações de pratos, pois perde suas características sensoriais com o aquecimento. Outros exemplos, acrescidos de outras substâncias, são os sais de ervas, de aipo, de especiarias, defumado, de algas, entre outros.

Outro sal que vale ser mencionado é o glutamato monossódico, derivado do ácido glutâmico, um aminoácido encontrado nas proteínas de vegetais e algas. Muito usado na culinária oriental, a princípio era aplicado para ressaltar o sabor original dos alimentos, mas hoje é apontado como um dos gostos reconhecidos pelo palato, o chamado umami.

2.3.1.4 CONDIMENTOS

Condimento é a denominação genérica atribuída a diversas substâncias cujo papel é aromatizar e dar sabor aos alimentos. Conforme o tipo de aplicação e os resultados obtidos, pode-se classificá-los em:

* **Essências ou aromatizantes:** extraídos do óleo essencial de algumas frutas e de especiarias oleaginosas, como baunilha, noz, amêndoa, canela, hortelã e laranja, são substâncias concentradas, algumas obtidas por processo natural de maceração, enquanto outras são formuladas quimicamente, de modo artificial. São encontradas no mercado sob as formas de extrato ou essência.

* **Condimentos picantes:** são alimentos de origem vegetal que proporcionam uma sensação picante quando acrescentados a alguma preparação. Muito presentes em vários tipos de culinárias no mundo, podem ser facilmente encontrados e têm custo acessível.

Os mais utilizados são alho, alho-poró, cebola, cebolinha verde, cebolinha francesa (ciboulette), echalota e raiz-forte.

* **Condimentos ácidos:** os mais usados são os vinagres, obtidos por meio da fermentação de líquidos alcoólicos, produzindo ácido acético. No mercado, há vinagres provenientes de vinho, maçã e arroz, além daqueles aromatizados com frutas, ervas e especiarias. O aceto balsâmico, que é um vinagre muito usado na culinária italiana, é elaborado a partir de vinho tinto envelhecido em tonéis de madeira. Os limões de todas as variedades (galego, limão-taiti, limão-siciliano, limão-cravo) também têm o papel de acidificar preparações culinárias. Há, ainda, o sumagre, extraído do fruto de um arbusto e muito aplicado na cozinha árabe, sendo um dos principais componentes do zátar, um tempero composto.

* **Especiarias e ervas aromáticas:** são partes de plantas que podem ser utilizadas como tempero ou na conservação de alimentos. Podem ser obtidas de cascas, sementes, frutos, flores e folhas. Quando retiradas de folhas, frescas ou secas, são chamadas ervas aromáticas. Com sabores e odores muito pungentes, têm aplicação em vários tipos de alimentos e caracterizam culinárias no mundo todo.

Quadro 2.2 | **Principais especiarias e ervas aromáticas**

Nome	Origem	Aplicação
Açafrão	Pistilo seco da flor da espécie *Crocus sativus linnaeus*.	Culinária do Mediterrâneo, especialmente em pescados.
Alecrim	Folhas secas ou frescas da planta *Salvia rosmarinus*.	Tempero de aves, peixes, sopas, carnes, molhos e embutidos.
Aroeira	Conhecida como pimenta-rosa, é o fruto da *Schinus molle L*.	Carnes, aves e pescados.
Canela	Retirada da casca interna de várias espécies de árvores do gênero *Cinnamomum*, pode ser encontrada em casca, pó, essência ou óleo.	Confeitaria, marinadas, molhos e chutneys.

(cont.)

Nome	Origem	Aplicação
Coentro	Folhas frescas, sementes em grão ou em pó retiradas da planta *Coriandrum sativum*.	Culinária do nordeste brasileiro.
Cominho	Semente da planta *Cuminum cyminum* utilizada em grãos ou em pó.	Tempero de sopas, caldos, carnes e pratos com frango.
Cravo-da-índia	Flores secas da árvore *Syzygium aromaticus*.	Confeitaria, marinadas, molhos e chutneys.
Cúrcuma	Também conhecida como açafrão-da-terra, é a raiz da planta *Curcuma longa*.	Corante natural de várias preparações.
Endro/dill	Erva fresca ou seca da planta *Anethum graveolens*, também conhecida como aneto.	Peixes, legumes ou molhos.
Manjericão	Folhas frescas ou secas de planta da espécie *Basilicum*.	Culinária italiana, especialmente no molho pesto.
Noz-moscada	Semente do fruto da moscadeira, que fornece também o macis.	Ensopados, cremes e molhos, peixes, omeletes, purês, pratos com queijo e legumes assados.
Orégano	Folhas frescas ou secas da planta *Origanum vulgare*.	Culinárias do Mediterrâneo, em especial a da Itália.
Páprica	Especiaria em pó, obtida da secagem e moagem do pimentão vermelho da variedade *Capsicum annuum*, encontrada doce, picante ou defumada.	Ingrediente fundamental dos goulashes, usada em molhos, frangos, peixes, legumes, pastas, recheios e queijos.
Pimentas	Dos gêneros *Capsicum annuum* (pimenta-de-cheiro) ou *Piper nigrum* (pimenta-do-reino), são encontradas em grãos ou em pó.	Amplamente utilizadas em várias culinárias, inclusive em preparações doces.
Salsa	Planta da espécie *Petroselinum crispum nym*, comum e crespa.	Muito usada em várias culinárias, especialmente na finalização de pratos.
Urucum	Extraído das sementes do fruto do urucuzeiro, *Bixa orellana*, é utilizado seco e triturado, na forma do tempero chamado colorau.	Corante vermelho nas preparações.

2.3.1.5 AGENTES DE ALTERAÇÃO DE TEXTURA

A textura refere-se às propriedades físicas dos alimentos que lhe conferem as características perceptíveis pelos sentidos humanos, em especial pelo tato, como densidade, viscosidade, tensão superficial e dureza.

Algumas texturas são passíveis de reconhecimento e denominação pelos consumidores, como aquosa, cremosa, dura, elástica, espessa, espumosa, granulosa, pastosa, sólida, pegajosa, untuosa, viscosa, etc.

Embora muito utilizados pela indústria alimentícia, alguns agentes ainda são pouco conhecidos e aplicados na gastronomia. Apenas aqueles extraídos de alguma matéria-prima alimentícia possuem maior aplicação na culinária. Os agentes que têm a funcionalidade de alterar texturas são:

> **DICA!**
>
> Se pretender aplicar um agente de alteração de textura usado pela indústria alimentícia em suas preparações, defina o resultado esperado (espessar, gelificar ou emulsionar), pesquise as marcas disponíveis no mercado, siga as instruções do fabricante e faça testes para verificar as alterações que pretende obter.

* **Gelificantes:** conhecidos como hidrocoloides, quimicamente são proteínas ou carboidratos complexos que têm a capacidade de reter água, formando géis ou engrossando um produto liquefeito ou líquido. Os mais utilizados são amidos e féculas, gelatina, ágar-ágar e pectina. Um gel é a dispersão coloidal de um sólido em um líquido, sendo que nna fase dispersa é o sólido que retém a água. É caracterizado pela criação de uma estrutura de rede tridimensional, que chamamos de gelatinização, como ocorre na produção de pudins e geleias.

* **Espessantes:** são produtos que aumentam a viscosidade de um alimento no estado líquido. Por suas propriedades, também são hidrocoloides, como amido de milho, goma xantana e féculas de

batata e de mandioca. Os amidos, a farinha de trigo e as féculas são os mais usados na cozinha com essa finalidade.

* **Emulsificantes:** são produtos que permitem formar e manter uma emulsão, isto é, uma dispersão coloidal ou mistura homogênea de dois líquidos imiscíveis entre si, como óleo e água, ou a gordura e a água no leite, e a maionese. O emulsificante mais comum, muito usado na indústria alimentícia, é a lecitina, uma gordura do grupo dos fosfolipídios, presente naturalmente na gema do ovo e na soja. Sua principal função é emulsificar, embora tenha outras aplicações importantes, como reduzir a viscosidade da pasta de cacau. Atua ainda como umectante para pós muito finos, como chocolate em pó, dando características de instantaneidade, sem formação de grumos.

2.4 TÉCNICAS DE PREPARO DE ALIMENTOS *IN NATURA*

Os alimentos *in natura* disponíveis para preparações culinárias podem ser de origem animal ou vegetal. Cada um deles desempenha um papel no cardápio que se pretende servir, como entradas, saladas, pratos principais, guarnições e sobremesas.

Neste tópico, serão abordados separadamente os alimentos *in natura* de origem animal e os de origem vegetal, analisando-se as principais características desses alimentos e seu papel nos cardápios, além de explorar as técnicas de preparo para alcançar melhores resultados.

2.4.1 ALIMENTOS *IN NATURA* DE ORIGEM VEGETAL

Os alimentos *in natura* de origem vegetal são provenientes de plantas comestíveis e desempenham um importante papel na nutrição dos humanos, pois são fontes de macronutrientes (carboidratos, proteínas e gorduras) e micronutrientes (vitaminas e minerais). Dependendo de sua composição química e classificação botânica, exercem funções diferentes no organismo, atuando como veículos de energia – pelo teor de carboidratos e gorduras – ou reguladores de reações metabólicas – pelo teor de vitaminas, minerais, fibras e água que apresentam. Alguns têm alto teor de proteínas, que, embora sejam consideradas incompletas nutricionalmente, são fundamentais para a construção e regeneração do organismo humano.

2.4.1.1 HORTALIÇAS E FRUTAS

Hortaliças e frutas são as partes comestíveis de várias plantas consumidas frescas, sem qualquer tipo de processamento. Podem ser ingeridas diariamente nas entradas, saladas, guarnições e sobremesas, assim como podem compor os pratos principais de uma refeição. São os alimentos responsáveis pelo aporte de vitaminas, minerais, fibras e água em nossa alimentação. Como visto no capítulo 1, "Desenvolvimento de novos produtos", o consumo desses alimentos tem sido estimulado como recomendação para uma alimentação saudável. São várias as partes comestíveis das plantas que consumimos habitualmente. O quadro 2.3 traz alguns exemplos da classificação botânica desses alimentos.

Quadro 2.3 | **Classificação botânica de hortaliças e frutas**

Classificação	Exemplos
Brotos de grãos germinados	Bambu, abóbora, alfafa, feijão.
Bulbos	Alho, cebola, alho-poró, echalota, erva-doce.
Caules	Aipo ou salsão, aspargo e palmito.
Flores	Alcachofra, brócolis, couve-flor, alcaparra, flor de abóbora.
Folhas (denominadas verduras)	Acelga, agrião, alface, almeirão, couve, espinafre, mostarda, repolho, rúcula.
Frutos (denominados legumes)	Abóbora, abobrinha, berinjela, jiló, pepino, chuchu, pimentão, tomate, quiabo.
Raízes e tubérculos	Batata, batata-doce, cará, inhame, aipim ou mandioca, beterraba, cenoura, nabo, rabanete, mandioquinha.

(cont.)

Classificação	Exemplos
Sementes	Abóbora, girassol, linhaça, chia.
Sementes e frutas oleaginosas	Amêndoa, noz, castanha, pinhão.
Vagens ou grãos	Ervilha fresca, ervilha-torta, vagem, feijões-verdes, milho-verde.
Frutas (frutos com polpa suculenta, aroma próprio, sabor doce e agradável, ricos em sucos e em açúcares solúveis)	Abacaxi, laranja, mamão, maçã, uva, melão, melancia, tangerina, pera, abacate, caqui.

A maioria das hortaliças costuma ser consumida crua, assim como as frutas. Isso garante a manutenção do aporte de vitaminas, em especial as hidrossolúveis (complexo B e C), minerais e fibras. Mas seu consumo também é comum em preparações com aplicação de calor; nesse caso, o cuidado na aplicação das técnicas culinárias é o que mantém o valor nutritivo, a estrutura e a cor do vegetal.

A estrutura dos vegetais é formada por fibras solúveis e insolúveis, compostas principalmente de celulose, hemicelulose, lignina e pectina. A celulose é o tecido de sustentação das plantas; a pectina, o elemento que une uma célula à outra.

CURIOSIDADE!

Embora não sejam de origem vegetal, os cogumelos desempenham o mesmo papel que as hortaliças no cardápio, podendo ser frescos, em conserva ou secos. Os mais utilizados são: champignon (paris), portobello, porcini, shiitake, shimeji e trufas.

Outro componente importante nos vegetais é a presença de pigmentos (corantes) não nutritivos, mas com funcionalidades reconhecidas na manutenção da saúde. Por exemplo, o pigmento betacaroteno, abundante em vegetais amarelados (cenoura, abóbora, mamão) é um precursor da vitamina A no organismo. Da mesma forma, as folhas verdes são ricas no pigmento clorofila, enquanto os alimentos com pigmentos vermelhos, como melancia e tomate, possuem licopeno, que melhora o sistema imunológico. Já os que tendem para o violeta, como beterraba, repolho roxo, uva e amora, têm propriedades antioxidantes.

Com isso em mente, as técnicas culinárias mais adequadas para manter essas características são:

* sempre que possível, manter a casca ou apenas raspá-la;
* usar vapor na cocção;
* apenas refogar, usando o teor de água do vegetal para cozinhar;
* usar pouca água quando for cozinhar e aproveitar essa água de cocção em outras preparações;
* iniciar a cocção com água já em ebulição e, assim que se colocar o alimento, abrandar o fogo;
* cozer por períodos curtos, mantendo o alimento com a estrutura firme, não amolecida;
* não utilizar ingredientes para manter a cor, como bicarbonato de sódio (no caso de folhas verdes) ou ácidos (vinagre e limão), pois esses ingredientes destroem as vitaminas.

As hortaliças têm várias aplicações culinárias, tanto nos pratos principais de uma refeição como em guarnições e saladas. Muitos legumes, raízes e tubérculos compõem preparações que necessitam de cortes especiais, para valorizar a apresentação, caracterizar uma técnica culinária ou facilitar a retirada de seus componentes aromáticos, como no preparo de caldos e bases de cozinha. A nomenclatura e os formatos desses cortes de vegetais têm origem na culinária francesa, mas são amplamente usados em receitas no mundo todo. Os cortes de vegetais mais utilizados estão descritos na tabela 2.1 e ilustrados na figura 2.2.

Tabela 2.1 | **Principais cortes de vegetais**

FORMA	NOME DO CORTE	CARACTERÍSTICAS
EM CUBOS, usados com vegetais firmes, em caldos, sopas ou guarnições com o mesmo nome.	Bretonne	Cubos de 2 cm × 2 cm
	Mirepoix	Cubos de 1,5 cm × 1,5 cm
	Parmentier	Cubos de 1,2 cm × 1,2 cm
	Macédoine	Cubos de 1 cm × 1 cm
	Printanier	Cubos de 8 mm × 8 mm
	Parisienne	Cubos de 5 mm × 5 mm
	Brunoise	Cubos de 3 mm × 3 mm
EM TIRAS, muito utilizadas com batatas, mas também em vegetais firmes, como guarnição ou base de preparações com o mesmo nome.	Pont-neuf	1,5 cm (largura) × 7,5 cm (comprimento)
	Fritas	1 cm (largura) × 5 cm (comprimento)
	Bâtonnet	8 mm (largura) × 3 cm (comprimento)
	Mignonnette	6 mm (largura) × 4 cm (comprimento)
	Jardinière	3 mm (largura) × 2 cm (comprimento)
	Allumette	3 mm (largura) × 5 cm (comprimento)
	Julienne	3 mm (largura) × 3 cm (comprimento)
	Paille	2 mm (largura) × 3 cm (comprimento)
EM FATIAS, utilizadas normalmente com batatas fritas.	Chips	2 mm de espessura
	Soufflé/Vichy	3 mm de espessura
	Medalhão	Mais de 5 mm de espessura
BOLEADOS, feitos com utensílio especial, muito usados em batatas, cenoura, chuchu e frutas, como melão.	Parisienne	1,5 cm de diâmetro
	Noisette	1 cm de diâmetro
	Printanière	8 mm de diâmetro
	Royale	6 mm de diâmetro
TORNEADOS, aplicados em batatas, valorizando a apresentação.	Château	Elipse com 6 cm de comprimento
	Fondante	Elipse com 5 cm de comprimento
	Cocotte	Elipse com 4 cm de comprimento
	Olivette	Elipse com 2 cm de comprimento
ORNAMENTAIS, utilizados em batatas e vegetais firmes, para decoração.	Chatouillard	Rodelas em espiral
	Paysanne/Concassé	Cortes irregulares
	Francesa	Talhada

Figura 2.2 | **Principais cortes de vegetais**

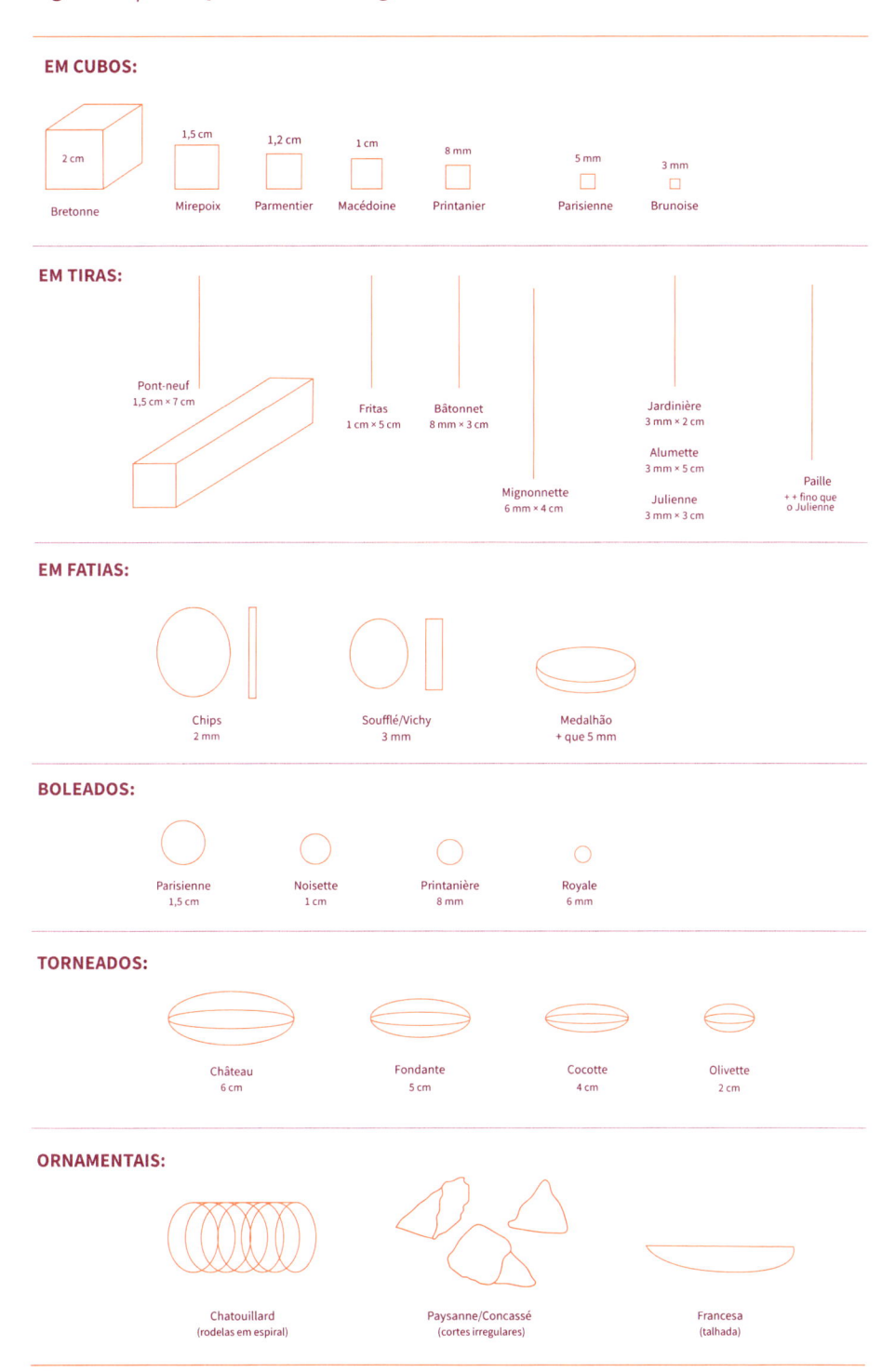

EM CUBOS:

Bretonne	Mirepoix	Parmentier	Macédoine	Printanier	Parisienne	Brunoise
2 cm	1,5 cm	1,2 cm	1 cm	8 mm	5 mm	3 mm

EM TIRAS:

- **Pont-neuf** — 1,5 cm × 7 cm
- **Fritas** — 1 cm × 5 cm
- **Bâtonnet** — 8 mm × 3 cm
- **Mignonnette** — 6 mm × 4 cm
- **Jardinière** — 3 mm × 2 cm
- **Alumette** — 3 mm × 5 cm
- **Julienne** — 3 mm × 3 cm
- **Paille** — + + fino que o Julienne

EM FATIAS:

- **Chips** — 2 mm
- **Soufflé/Vichy** — 3 mm
- **Medalhão** — + que 5 mm

BOLEADOS:

- **Parisienne** — 1,5 cm
- **Noisette** — 1 cm
- **Printanière** — 8 mm
- **Royale** — 6 mm

TORNEADOS:

- **Château** — 6 cm
- **Fondante** — 5 cm
- **Cocotte** — 4 cm
- **Olivette** — 2 cm

ORNAMENTAIS:

- **Chatouillard** (rodelas em espiral)
- **Paysanne/Concassé** (cortes irregulares)
- **Francesa** (talhada)

Como se nota pela precisão dos tamanhos e formatos que esses cortes exigem, sua aplicação certamente resulta em muito desperdício do vegetal, já que a aparência é o maior objetivo. A sugestão aqui é utilizar as partes não aproveitadas desses alimentos no preparo de caldos, bases e sopas cremosas, pois o valor nutritivo, as cores e os aromas permanecem nesses pedaços disformes.

2.4.1.2 GRÃOS – CEREAIS E LEGUMINOSAS

Os grãos de vegetais que ingerimos em nossa alimentação são minimamente processados, ou seja, são retirados de suas estruturas originais, como espigas, vagens e cascas, e, em seguida, desidratados para aumentar sua conservação, possibilitando que sejam transportados, distribuídos, comercializados e consumidos.

Os cereais utilizados na alimentação são grãos provenientes das gramíneas, cujas sementes dão em espigas. Eles apresentam celulose na casca e na película abaixo dela, além de vitaminas do complexo B. O interior dos grãos, chamado endosperma, contém cerca de 75% de amido e entre 10% e 15% de proteínas de baixo valor biológico, ou seja, incompletas. O germe, que corresponde a uma média de 2% a 3% do grão, contém proteínas, gordura, vitaminas (E, C e complexo B) e minerais (ferro), e é eliminado nos processos de refinamento. Os cereais mais frequentes na alimentação são: arroz, trigo, centeio, cevada, aveia, milho e quinoa.

Os grãos de cereais fornecem vários produtos derivados, como farinhas, amidos e féculas, que são ingredientes usados no preparo de diferentes pratos. Quando produzidos a partir da moagem dos grãos, de forma integral ou refinada, são chamados farinhas, como as de trigo ou de milho. Já os amidos são produtos da extração da fração amilácea dos cereais, presente no endosperma, sem o teor de proteínas, como os amidos de milho (maisena) ou de arroz. Quando essa fração amilácea é extraída de raízes ou tubérculos, obtêm-se as féculas, como a de mandioca ou de batata. Em ambos os casos, trata-se quimicamente do carboidrato complexo amido, em forma granulada e de cor branca, insolúvel em água e sem sabor.

As leguminosas secas são grãos contidos em vagens, ricos em tecido fibroso, compostos de amido e proteínas de baixo valor biológico. São boas fontes de ferro não heme e vitaminas do complexo B, especialmente B1 e B2. As leguminosas mais consumidas são feijões de todas as variedades, soja, lentilha, ervilha seca, grão-de-bico, tremoço e amendoim. Além de ricas em nutrientes, as leguminosas desempenham importante papel na alimentação pela frequência com que aparecem nas refeições.

> **CURIOSIDADE!**
>
> Você sabia que a mistura de arroz (cereal) com feijão (leguminosa) proporciona a oferta de uma proteína que, embora de origem vegetal, contém todos os aminoácidos necessários para o nosso organismo?
>
> A proteína do arroz é deficiente no aminoácido lisina, enquanto a do feijão não possui o aminoácido metionina em quantidade suficiente. Ao combinarmos os dois, obtemos uma boa proteína, completa em aminoácidos essenciais.
>
> Essa rica mistura é a base da alimentação dos brasileiros.

TÉCNICAS CULINÁRIAS APLICADAS

Com relação às técnicas culinárias aplicadas a esses alimentos, vale destacar:

Cereais

Os cereais precisam de calor úmido em seu preparo para que ocorra o amolecimento dos componentes das paredes celulares e a posterior gelatinização do amido, além de alterações físico-químicas desejáveis para as características sensoriais esperadas no produto preparado. No arroz, cereal bastante presente nos cardápios, a celulose amolece com o aquecimento prolongado na água, o amido gelatiniza e torna o alimento agradável ao paladar; portanto, a água deve ser uniformemente misturada ao arroz seco, para que penetre em todos os grãos e não se formem aglomerados durante o preparo adequado do cereal.

Se o arroz for polido, outra técnica importante é fritá-lo levemente no óleo de preparo antes de adicionar a água, para que a camada externa dos grãos dextrinize e impeça a formação do arroz empapado. Para arroz integral e parboilizado, essa etapa não é necessária.

Os outros cereais estão mais presentes na alimentação sob a forma de derivados, como farinhas e amidos. A farinha de trigo será abordada no capítulo 3, "Gastronomia aplicada", que trata especialmente de sua culinária efetiva em diversas preparações.

Féculas e derivados de cereais

As féculas e os derivados de cereais são empregados em preparações culinárias como espessantes ou gelificantes, conforme já visto, no preparo de molhos, cremes, pudins e mingaus, entre outros. A quantidade de farinhas, amidos e féculas adicionada às preparações determina o grau de espessamento do produto esperado. Normalmente, utiliza-se 3% de espessante para chegar à consistência de cremes leves ou mingaus; 5% para a consistência de pudins ou cremes espessos; e cerca de 10% a 15% para manjares ou cremes firmes.

Como já se sabe, os espessantes são produtos que aumentam a viscosidade de um alimento no estado líquido. Por serem hidrocoloides, têm a capacidade de engrossar uma preparação, como acontece com o uso de amido de milho, féculas e farinha de trigo. Esse processo é chamado gelatinização e ocorre quando os grãos de amido são misturados à água. Aquecidos a 60 °C, absorvem a água e incham, formando uma solução viscosa chamada solução coloidal, em que as partículas de sólido ficam suspensas no líquido, porém não dissolvidas. Quando o processo se completa, forma-se uma suspensão permanente, translúcida ou transparente, consistente e gelatinosa (gel). Se o produto espessante for de farinha de trigo ou fubá de milho, o resultado é uma suspensão opaca, pois existem outros componentes nessa mistura além do amido, como as proteínas. A consistência do gel formado também depende de outros fatores, como presença de ácido, acréscimo de açúcar e agitação da mistura. O ácido (limão, laranja, vinagre) diminui o poder de espessamento do gel, enquanto o açúcar deixa a mistura mais macia e transparente.

É necessário mexer a mistura desde o início da cocção para que a consistência seja uniforme; ao mesmo tempo, caso se mexa muito depressa ou por muito tempo, os grãos de amido podem se romper, deixando a mistura menos consistente.

O amido possui também uma propriedade físico-química conhecida como dextrinização, que decorre da aplicação de calor seco. Quando a temperatura de 160 °C é atingida, o amido fica dourado, mais solúvel e ligeiramente doce, perdendo parte do poder espessante. Nesse momento, a quebra do amido forma outro carboidrato, a dextrina, que pode ser observada na crosta de pães, tortas e bolos assados no forno. Na culinária, emprega-se a dextrinização do amido para obter molhos mais suaves e saborosos, como no preparo da base da gastronomia francesa, denominada roux, usada no preparo dos molhos bechamel e velouté.

Leguminosas secas

O preparo de leguminosas secas requer que elas sejam reidratadas antes da cocção, de modo que a película de celulose seja amaciada e permita a entrada da água para cozinhar o interior dos grãos, desenvolvendo seu sabor e aumentando sua digestibilidade. O tempo necessário para a reidratação e a cocção depende do período de armazenamento dos grãos, do teor de umidade do estoque e da variedade da leguminosa. A reidratação prévia ou remolho – que significa deixar de molho em água por oito a doze horas – tem a finalidade de diminuir o tempo de cocção, pois amacia a camada de celulose.

Para lentilhas e alguns tipos de feijão, se a cocção for feita na panela de pressão, não há necessidade de reidratação prévia. A variedade, nesse caso, é importante, pois determina a dureza da camada externa de celulose; por isso, lentilhas e ervilhas secas são mais tenras e levam menos tempo para cozinhar do que o grão-de-bico, por exemplo.

Uma alternativa ao processo de reidratação é ferver as leguminosas durante cinco minutos e deixar em remolho nessa mesma água por trinta minutos. Assim, é possível conseguir um resultado semelhante ao do remolho em água fria por oito a doze horas, economizando tempo.

A cocção do feijão deve ser feita na proporção de duas a três xícaras de chá de água para cada xícara de feijão seco, se a reidratação tiver sido feita previamente. O feijão pode ser cozido com sal, mas o ideal é que esse ingrediente seja adicionado ao fim da cocção, no refogado adicionado, para apurar o caldo e evitar que a casca celulósica fique endurecida antes da cocção completa. Os temperos mais comuns empregados são louro seco, alho e, às vezes, toucinho ou linguiças defumadas.

2.4.2 ALIMENTOS *IN NATURA* DE ORIGEM ANIMAL

Os alimentos *in natura* de origem animal presentes nas refeições são carnes bovina, suína, ovina e caprina, aves, pescados, ovos e leite. Sob o ponto de vista nutricional, são fontes de proteínas de alto valor biológico, ou seja, completas em seu teor de aminoácidos, além dos minerais cálcio e ferro biodisponível. São, ainda, a única fonte de vitamina B12 (cianocobalamina) na alimentação. Exercem no organismo funções consideradas nobres, como o crescimento, o desenvolvimento e a recuperação de células e tecidos, sendo chamados alimentos construtores.

As carnes de todos os animais são também fontes de gorduras saturadas e de colesterol, além de vitaminas lipossolúveis. Os ovos, além do conteúdo de proteínas de alto valor biológico, são boas fontes de vitaminas. O leite de mamíferos, rico em proteínas e água, é a maior fonte do mineral cálcio e do açúcar lactose na alimentação humana.

Nos cardápios, esses alimentos exercem muitas funções, sendo que carnes, aves, pescados e ovos constituem, em geral, o prato principal das refeições, os chamados pratos proteicos. Ovos e leite constam da confecção de sobremesas, além de serem importantes ingredientes culinários em várias preparações principais.

2.4.2.1 CARNES

Aqui se denomina carne o conjunto de tecidos que recobre o esqueleto dos animais presentes na alimentação. Popularmente, considera-se carne todas as partes dos animais que servem de alimento ao homem, inclusive as provenientes de aves, caças e pescados.

As carnes de origem bovina, suína, ovina e caprina, embora tenham características sensoriais diferentes, são bioquimicamente muito parecidas, constituídas por tecidos muscular e conjuntivo, cartilagens, tecido adiposo e ossos. Em média, possuem cerca de 15% a 25% de proteínas, quantidade muito variável de gorduras (de 5% até 30%) e muitas vitaminas e minerais, além de extratos nitrogenados e não nitrogenados, com teor de umidade variando entre 60% e 80%, enzimas, pouca ou nenhuma quantidade de carboidratos e pigmentos. A composição final das carnes depende da origem, do tipo e da idade do animal, além da localização do corte.

Todas essas características determinam os tipos de aplicações culinárias mais adequadas a cada uma das variedades e cortes. Esperam-se, de uma preparação à base de carnes, sabores característicos e muita maciez, que dependerá, além da técnica culinária escolhida, da idade, do sexo e da alimentação do animal, bem como da quantidade e forma de deposição do tecido adiposo. As partes do quarto dianteiro são as mais duras, com paredes celulares mais espessas e tecido conjuntivo mais denso, pois são as mais exercitadas pelo animal, como os músculos do pescoço e das pernas dianteiras. As partes naturalmente mais tenras são as do quarto traseiro e daqueles cortes com maior teor de gordura. Entretanto, quando técnicas culinárias adequadas são aplicadas, um corte mais duro pode se tornar macio e saboroso. Por outro lado, um corte macio e tenro preparado de modo inadequado também pode ficar bastante rijo.

Além desses fatores e das técnicas de cocção que interferem na maciez da carne, é utilizar enzimas naturais que quebram as proteínas e amaciam a carne, como a bromelina (abacaxi), a ficina (figo) e a papaína (mamão), sendo esta última comercializada já processada, sob a denominação amaciante de carnes. Sua ação é apenas superficial, não penetrando muito profundamente no corte da carne, além de serem eficientes apenas antes do cozimento, pois essas enzimas são destruídas em temperaturas superiores a 82 °C.

Outro processo corrente no amaciamento de carnes consiste em mariná-las, durante o pré-preparo, em vinha-d'alhos (temperos com ingredientes ácidos) por vinte a trinta minutos. Nesse procedimento, ocorre uma ação química de amaciamento, pois o ambiente ácido desnatura as proteínas do tecido muscular, tornando-as mais macias. O quadro 2.4 mostra os principais fatores que interferem na maciez das carnes.

Quadro 2.4 | **Fatores que interferem na maciez das carnes**

Fatores	Exemplos
Aplicação de ação química	Marinar em vinha-d'alhos.
Aplicação de amaciantes	Uso das enzimas bromelina, ficina ou papaína.
Fatores extrínsecos ao animal	Alimentação. Tipo de pasto. Quantidade de exercício.
Fatores intrínsecos ao animal	Espécie, idade e sexo. Localização do corte. Quantidade de gordura. Distribuição dos tecidos conjuntivo e adiposo.
Grau de maturação	Tempo de manutenção da carne em condições controladas após o abate, para reduzir a rigidez do *rigor mortis*.

Para carnes, as etapas de pré-preparo, anteriores à cocção, são:

* **Descongelamento:** sempre em geladeira ou no forno de micro-ondas.

* **Limpeza:** retirada de todas as estruturas indesejáveis, como tecido conjuntivo, gordura em excesso e ossos (quando necessário).
* **Corte:** a não ser em cortes muito fracionados (picados), deve ser sempre feito no sentido inverso ao da fibra da carne, para reduzir o encolhimento na aplicação do calor.
* **Tempero:** algumas preparações exigem tempero prévio, como as marinadas; outras, durante a cocção.

Após as etapas de pré-preparo, a aplicação de calor deve ser feita com base nas técnicas culinárias mais adequadas ao tipo de carne, ao corte ou ao resultado esperado. O calor provoca alterações físico-químicas que determinam as características sensoriais desejáveis no produto. Durante a cocção das carnes, acontecem as seguintes mudanças físico-químicas:

* alteração da cor, por causa da transformação do pigmento oximioglobina (vermelho) em metamioglobina (marrom);
* coagulação das proteínas, com mudança da estrutura física;
* desenvolvimento e intensificação do odor e do sabor;
* encolhimento das fibras musculares;
* fusão de parte do tecido adiposo;
* perda de parte dos sucos de composição;
* redução de peso e volume;
* transformação do colágeno (proteína estruturante) em gelatina.

As técnicas de cocção podem utilizar calor seco, úmido ou misto, sendo as mais aplicadas:

* **Assar:** adequada a carnes mais tenras e gordurosas, há perda de parte dos sucos, reduzindo-se peso e volume.
* **Brasear:** indicada para carnes mais firmes, não há perda de sucos, mantendo-se peso e volume.

* **Cozinhar a vapor sob pressão:** ideal para carnes rígidas e difíceis de amaciar. Mantém os constituintes da carne e quase não há perda de peso.

* **Ensopar:** recomendada para preparações lentas, até amaciar bem a carne, sendo necessário selá-la (fritar a superfície em alta temperatura) antes, para desenvolver cor e sabor.

* **Fritar:** para bifes e outros cortes, empanados ou não. A carne deve ser macia ou amaciada antes.

* **Grelhar:** ideal para cortes de churrasco, desenvolve sabores característicos. É preciso aquecer bem a chapa ou grelha.

2.4.2.2 AVES

As carnes de aves presentes nos cardápios são procedentes de aves domésticas, de granjas ou de caça, largamente utilizadas na alimentação. As mais consumidas são as carnes de frango e de galinha, mas existem outros tipos bem conhecidos e apreciados, como pato, chéster, peru, faisão, codorna, perdiz e galinha-d'angola. As carnes das aves são ricas em proteínas de alto valor biológico, bem como nos minerais ferro e fósforo e nas vitaminas do complexo B, especialmente as vitaminas B2 (riboflavina) e B3 (niacina). A quantidade de gordura muda conforme o tipo, a idade e a raça da ave, além da qualidade de alimentação e corte. As parcelas de tecido conjuntivo das aves são menores do que as da carne bovina, por isso apresentam melhor digestibilidade.

Dependendo do tipo de ave e da idade do animal, as carnes são mais ou menos macias: a de galinha caipira, por exemplo, é mais rígida, por ser criada solta e se exercitar mais; frangos, por serem mais novos, possuem carnes mais tenras; aves mais velhas são mais saborosas em função do teor de gordura que apresentam, porém são bastante rijas. As principais partes comercializadas de carne de galinha ou frango são peito, coxa, sobrecoxa e asas.

A utilização de cortes de carnes de aves é muito comum, sem que haja necessidade de adquirir a ave inteira. São bastante corriqueiras as preparações que usam somente peito, coxa ou sobrecoxa, além de outras que usam o frango inteiro ou cortado em pedaços à passarinho. A figura 2.3 mostra os cortes de carne de aves existentes no mercado e suas aplicações mais comuns.

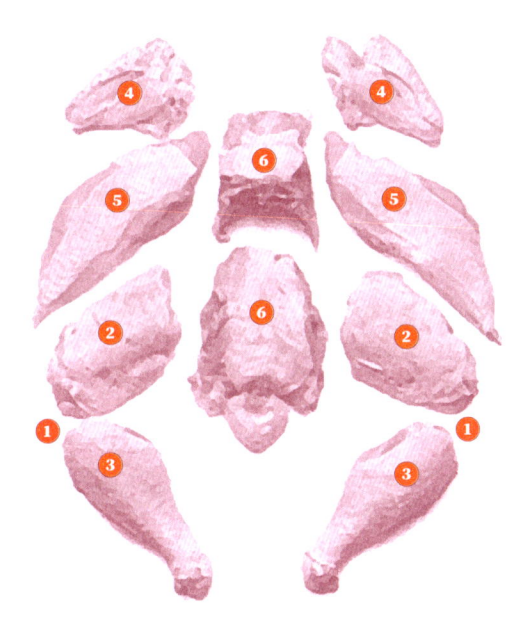

Figura 2.3 | **Cortes de carne de aves**

1. **Perna:** coxa (3) e sobrecoxa (2).
2. **Sobrecoxa:** corte perfeito para ensopados. Desossada e sem pele, é ótima para ser recheada.
3. **Coxa:** pode ser assada, empanada ou frita.
4. **Asa:** possui pouca carne e pode ser usada em sopas, assada ou frita.
5. **Peito:** carne macia que pode ser usada em pratos como salpicão, estrogonofe e filés.
6. **Dorso:** corte com pouca carne que pode ser aproveitado em caldos e sopas.

As técnicas de cocção das carnes de aves são as mesmas das carnes em geral, podendo-se utilizar calor seco, úmido ou misto, como grelhar, fritar ou assar. Deve-se observar que o calor seco tem de ser usado para aves mais novas ou para partes mais tenras, como o peito. Já as aves mais velhas ou de carne mais rígida requerem um cozimento longo e lento em líquidos ou vapor, sob calor úmido.

2.4.2.3 PESCADOS

Os pescados compreendem os animais aquáticos provenientes de água doce ou salgada. Também são classificados como pescados os moluscos e os crustáceos, os chamados frutos do mar, além de quelônios e rãs.

São alimentos nutricionalmente muito ricos, pois possuem proteínas de alto valor biológico e vitaminas A, D e do complexo B, além dos minerais cálcio, ferro, fósforo, cobre e, se oriundos do mar, grandes quantidades de iodo. As gorduras dos pescados são consideradas saudáveis; suas quantidades variam muito em função do tipo de peixe, e muitos deles contêm ácidos graxos ômega 3, os quais são componentes de gorduras poli-insaturadas que devem ser incluídas na alimentação.

Os peixes de água doce apresentam sabor menos acentuado e alto teor de gordura. Os mais gordurosos, como o dourado, o pacu e o pintado, apresentam bons resultados na cocção sob calor seco, na grelha ou churrasqueira, pois preservam a suculência, sem ressecar. Outros peixes de água doce são: tucunaré, tambaqui, tilápia, truta, entre outros.

Os peixes de água salgada têm sabor mais acentuado, pelo alto teor de iodo, e apresentam menos gordura. Comportam-se muito bem sob calor úmido, em preparações refogadas ou cozidas, sendo os mais consumidos: robalo, tainha, anchova, namorado, corvina, badejo, pescada, cavala, linguado, sardinha, manjuba e cação.

Os crustáceos são animais invertebrados que possuem uma carapaça resistente, como camarão, lagosta, lagostim e caranguejo. Fornecem boas quantidades de proteínas de alto valor biológico e baixas quantidades de gorduras, com predominância dos ácidos graxos poli-insaturados, como os ômega 3. Porém, embora o teor de gorduras dos crustáceos seja baixo, a aplicação culinária mais indicada é o uso de gordura, como ocorre em molhos e frituras.

Os moluscos são animais invertebrados, podendo estar contidos ou não em conchas. Os caracóis e o escargot são exemplos de moluscos com uma única concha, enquanto mexilhões, ostras, sururus e mariscos apresentam duas. Existem ainda os moluscos sem conchas e com coluna vertebral cartilaginosa, como a lula e o polvo. Esses animais também são boas fontes de proteínas de alto valor biológico.

Para a cocção de crustáceos e moluscos, o ideal é aplicar calor úmido em muita ou pouca água, controlando o tempo de cocção para evitar que fiquem resistentes, elásticos ou ressecados.

2.4.2.4 OVOS

Já foi explorado o uso de ovos como ingrediente culinário no capítulo 1, "Desenvolvimento de novos produtos". Nas preparações em que representam o ingrediente principal, sendo oferecidos puros, escaldados, mexidos, assados, cozidos com casca ou em omeletes, a sua função culinária é a própria estrutura que concedem à preparação, proporcionada pela coagulação das proteínas da gema e da clara. A clara inicia a coagulação a 55 °C, torna-se gelatinosa a 60 °C e está completamente coagulada a 65 °C. Quando aquecida, tem a tendência de se ligar a outras substâncias. Já a gema inicia a coagulação a 62 °C e a conclui a 70 °C. Deve-se observar que a presença de açúcar aumenta a temperatura de coagulação das proteínas, enquanto o acréscimo de sal e de ácidos diminui essa temperatura de coagulação.

É importante cozinhar os ovos em temperaturas constantes e moderadas para que a coagulação das proteínas seja homogênea.

2.5 DICAS DE APROVEITAMENTO INTEGRAL DOS ALIMENTOS

Atualmente, o desperdício de alimentos é motivo de grande preocupação no mundo inteiro, pois além da perda de alimentos que poderiam mitigar a fome e a desnutrição de muitos países, o impacto no meio ambiente é descomunal. Segundo dados da Food And Agriculture Organization of the United Nations (FAO, 2011), cerca de um terço dos alimentos produzidos para consumo humano é perdido ou desperdiçado globalmente, o que equivale a cerca de 1,3 bilhão de toneladas por ano. O desperdício ocorre em toda a cadeia alimentar, desde a produção até o consumo final do alimento, com grande participação do consumidor, que descarta restos de alimentos ainda aptos para a alimentação.

Algumas das ações para prevenir o desperdício de alimentos na cozinha passam por seu aproveitamento integral. Muitas receitas atuais destacam o proveito de cascas, folhas e talos como principal ingrediente, sem considerar a aplicação do alimento todo na mesma receita. O melhor conceito de aproveitamento integral abrange o uso do alimento em sua totalidade, empregando-se cada parte dele na mesma preparação ou em outras aplicações que não demandem ingredientes caros ou difíceis de conseguir. A vantagem da utilização integral do alimento, além de evitar o desperdício, é a obtenção de nutrientes, como vitaminas e fibras, presentes em partes normalmente desprezadas.

Nas receitas desenvolvidas para o emprego de partes não convencionais ou do alimento integral, destaca-se o uso de:

* folhas (cenoura, beterraba, batata-doce, nabo, couve-flor, abóbora, mostarda, hortelã e rabanete);
* cascas de vegetais (batata-inglesa, abóbora, berinjela, beterraba e pepino);

- cascas de frutas (banana, tangerina, laranja, mamão, maçã, abacaxi, melão, maracujá, goiaba e manga);
- talos de vegetais (couve-flor, brócolis e beterraba);
- entrecascas de frutas (melancia e maracujá);
- sementes (abóbora e melão);
- pés e pescoço de galinha;
- tutano de boi.

SAIBA MAIS!

Se quiser compreender melhor o assunto e testar receitas com esse conceito, consulte materiais na internet, além de sites de receitas, como a publicação do Mesa Brasil Sesc, *Banco de alimentos e colheita urbana: aproveitamento integral dos alimentos*, disponível em: https://mesabrasil.sescsp.org.br/media/1016/receitas_n2.pdf.

2.5.1 PREPARO DE BASES DE COZINHA, CALDOS E MOLHOS

Uma das formas mais práticas e interessantes de aproveitamento integral de alimentos é a aplicação das partes normalmente desprezadas de hortaliças, carnes, aves e pescados no preparo de bases de cozinha e caldos.

Os fundos básicos ou caldos de carne, frango, legumes ou caça são muito utilizados no preparo de molhos basilares, sopas, consommés, risotos e outras receitas para agregar aromas e sabores, valorizando as características sensoriais do prato. Podem ser preparados com ossos e aparas de carnes, aves, pescados, vegetais, condimentos e água, exigindo cozimento lento e regular para reduzir o volume de água e concentrar os sólidos solúveis aromáticos, resultando num líquido mais espesso e concentrado. São produzidos a partir de uma base de sabor (carnes, aves, pescados ou vegetais), acrescentados de preparados chamados aromáticos (bouquet garni, mirepoix, cebola piquée) e líquidos (água, fundo de cocção, vinho). Os aromáticos são misturas de ervas e especiarias adicionadas em cocção lenta a algum líquido e, depois, desprezados. O quadro 2.5 mostra a composição dos aromáticos mais frequentes na cozinha.

Quadro 2.5 | **Principais aromáticos usados na cozinha**

Nome	Composição
Cebola piquée	Cebola espetada com dois cravos e uma folha de louro.
Bouquet garni	Maço de ervas amarrado com barbante, geralmente formado por talo de salsa, salsão, alho-poró, tomilho e louro.
Mirepoix	Mistura de legumes aromáticos cortados em tamanhos regulares, geralmente formado por 50% de cebola, 25% de cenoura e 25% de salsão (aipo). Também é comum o uso de 25% de alho-poró.
Sachet d'épices	Saquinho amarrado, feito de tecido fino ou gaze, preenchido com grãos de pimenta-do-reino, cravo, dente de alho, tomilho e folha de louro.

Além dos caldos e fundos, uma base de cozinha muito comum é o espessante denominado roux, feito a partir da mistura de quantidades iguais de farinha e manteiga e usado para engrossar vários tipos de molhos. Pode apresentar tonalidades diferentes, dependendo do tempo de aquecimento da gordura com a farinha. O roux branco é usado no molho branco e no bechamel; o roux blond é a base do molho velouté, ao qual se junta um caldo frio de galinha, vitela ou peixe; e o roux brun, ou marrom, é a base do molho espanhol.

Molhos são as preparações líquidas originadas de caldos, fundos ou bases e condimentos, que podem complementar, enriquecer ou até dar o nome a um apresto. Os molhos básicos são feitos a partir dos caldos ou bases de cozinha (carnes, aves, pescados, caça, legumes), acrescidos de condimentos; já os molhos derivados, feitos a partir dos básicos, são acrescidos de outros ingredientes ou espessantes. Alguns molhos muito utilizados na culinária são:

* **Bechamel:** é um molho básico, preparado com roux branco, leite, cebola piquée e noz-moscada.

* **Velouté:** é um molho básico, formado por roux blond e fundo claro de boi, vitelo, aves ou peixes.

* **Espanhol:** é um molho básico, feito a partir do aromático mirepoix, acrescido de purê de tomate, fundo escuro, roux brun, manteiga e o aromático sachet d'épices.

* **Demi-glace:** é um molho derivado, feito a partir da redução em quantidades iguais de fundo escuro e molho espanhol.

* **Emulsionados:** são os molhos resultantes de uma emulsão, como a maionese, preparada pela emulsão de gemas de ovos com azeite ou óleo, temperada com sal e limão.

2.6 INDICADORES DE PERDAS E GANHOS

Nas preparações culinárias, os alimentos podem perder, manter ou ganhar peso, de acordo com as técnicas aplicadas nas etapas de pré-preparo e, posteriormente, durante a aplicação de calor. Tais alterações podem ser mensuradas e informadas por meio de indicadores constantes, como o fator de correção (FC) e o índice de cocção (IC). É preciso conhecer alguns conceitos para aplicar esses indicadores:

* **Peso bruto (PB):** peso do alimento ao ser adquirido. É aplicado apenas para alimentos *in natura* e usado para calcular o custo dos alimentos isolados ou das preparações.

* **Peso líquido (PL):** peso do alimento pronto para ser cozido ou finalizado. No caso de alimentos *in natura*, é obtido após as etapas de pré-preparo. Para alimentos industrializados, esse valor é informado nos rótulos. É utilizado para calcular o valor nutritivo dos alimentos isolados ou das preparações.

* **Peso cozido (PCoz):** peso do alimento ou da preparação já prontos, após a aplicação de calor e finalização. É usado para verificar o rendimento da preparação, ou seja, se houve perda ou ganho de peso após a aplicação de calor.

* **Fator de correção (FC):** índice que relaciona o PB com o PL de um alimento. É utilizado para calcular um dos pesos a partir do outro, conforme a necessidade de dados. O FC é aplicado para o cálculo de quantidades brutas a serem compradas, a partir do peso líquido e cru das matérias-primas. Como o custo das preparações deve considerar o PB, o FC é usado para calcular os custos e preços das receitas. Esse indicador mostra as perdas sofridas durante a etapa de pré-preparo e também pode ser expresso em porcentagem.

* **Índice de cocção ou de conversão (IC):** indicador que relaciona o peso cozido com o peso líquido e cru de um alimento ou preparação. É utilizado para calcular o rendimento do alimento ou da preparação.

A tabela 2.2 mostra as fórmulas aplicadas para calcular os dois indicadores, bem como a interpretação de alguns resultados.

Tabela 2.2 | **Aplicação dos indicadores de perdas e ganhos**

Indicadores	Fórmulas para cálculo	Resultados
FC	FC = PB ÷ PL	**FC = 1:** o alimento não sofre perdas no pré-preparo.
		FC ≥ 1: o alimento sofre perdas no pré-preparo (limpeza, descasque).
		FC ≤ 1: o alimento incorpora água no pré-preparo (reidratação de feijão).
IC	IC = PCoz ÷ PL	**IC = 1:** o alimento não ganha nem perde peso após a cocção (calor misto).
		IC ≥ 1: o alimento ganha peso após a cocção (calor úmido).
		IC ≤ 1: o alimento perde peso após a cocção (calor seco).

Esses indicadores também podem ser aplicados a fórmulas derivadas dessas, como nos seguintes índices:

* Cálculo do PB, para determinar quantidades de compra:

$$PB = PL \times FC$$

* Cálculo do PL, para determinar a quantidade *per capita* (por pessoa) líquida, que será preparada:

$$PL = PB \div FC$$

2.6.1 CÁLCULO DE RENDIMENTO DE PREPARAÇÕES

Rendimento é a quantidade da preparação cozida, pronta para servir, que é expressa em número de porções ou de unidades, normalmente indicada no final de uma receita ou ficha técnica, por exemplo:

* rendimento = 6 porções de 120 g;
* rendimento = 3 bolinhos de 60 g;
* rendimento = 640 g ou 8 fatias de 80 g.

É importante lembrar que porção é a quantidade da preparação que é servida a uma pessoa, enquanto *per capita* é a quantidade de alimento cru e limpo que será preparada para uma pessoa.

O rendimento da receita é uma informação indispensável para chegar a resultados padronizados e a informações fidedignas que permitam calcular o valor nutritivo e o custo da preparação. Ao comercializar uma preparação culinária, o conhecimento exato de seu rendimento possibilita a coleta de dados não só para calcular o preço de venda a partir do custo de ingredientes, mas também para elaborar o rótulo do alimento, que deverá trazer informações nutricionais por porção, conforme a legislação vigente.

A padronização das receitas das preparações que serão produzidas e comercializadas é o primeiro passo para ter sucesso no negócio. Com uma receita padronizada, redigida tecnicamente, é possível conseguir todas as informações necessárias para o planejamento de compras, além do cálculo do rendimento, dos valores nutricionais e do custo da preparação.

Vantagens da redação técnica e da padronização de receitas são:

* tornar a receita reprodutível;
* garantir o resultado sensorial, independentemente de quem vai prepará-las;
* economizar tempo na confecção;

* controlar ingredientes e tempo necessários;
* reduzir custos de repetição de uma etapa.

Para a redação técnica e padronizada de uma receita, devem ser incluídos os seguintes componentes e observadas algumas regras, para facilitar a leitura e a execução e permitir a reprodução fiel da preparação:

* **Nome:** reproduzir a nomenclatura correta da preparação.

* **Lista de ingredientes:** relacionar os ingredientes na ordem em que serão usados, obedecendo às etapas (passo a passo), para evitar retrocessos. Não é aconselhável omitir nenhum ingrediente, mesmo que seu uso possa parecer óbvio, como água e gordura para untar.

  As quantidades dos ingredientes podem ser expressas em medidas padronizadas (xícaras, colheres), mas os cálculos de valor nutritivo e custo exigirão medidas em gramas ou mililitros. Se houver um ingrediente que necessite de pré-preparo (picado, cortado em tiras, peneirado, batido), é aconselhável indicar isso na lista, para facilitar a execução.

* **Modo de preparo:** os passos da execução da receita devem ser consecutivos e lógicos, seguindo a ordem já colocada na lista de ingredientes. É importante indicar o tempo médio de cada etapa, por exemplo: "bater por cinco minutos", "ferver durante dois minutos", "deixar a massa descansar por duas horas". Quando o forno for usado na preparação, sua temperatura e o tempo necessário para assar devem estar claros na receita, por exemplo: "forno a 180 °C, por trinta minutos".

* **Rendimento:** indicar sempre o peso total da preparação finalizada e quantas porções serão obtidas com a receita, conforme já orientado. Essa informação é a mais importante para obter os dados de valor nutritivo e custo.

A figura 2.4 representa um modelo de receita redigida tecnicamente, que pode servir de base para a ficha técnica da preparação.

> **DICA!**
>
> A receita técnica e corretamente redigida é a parte mais importante de uma ficha técnica de preparação.
>
> Para elaborar a ficha técnica, basta acrescentar informações de custo dos ingredientes, tempo de preparo, utensílios e equipamentos necessários e, se possível, uma foto da preparação.

Figura 2.4 | **Modelo de receita redigida tecnicamente**

PREPARAÇÃO: _____

RECEITA

INGREDIENTES	MEDIDA-PADRÃO	PB (g)	PL (g)	FC

MODO DE PREPARO

1.
2.
3.
4.
5.
6.
7.
8.
9.
10.

Rendimento: _____ g   ou   _____ porções de _____ g   IC: _____

Tempo de preparo: _____   Tipo de calor: _____

3
GASTRONOMIA APLICADA

A gastronomia compreende a prática e os conhecimentos relacionados à arte culinária, abrangendo o preparo dos alimentos de modo criativo e priorizando suas características sensoriais (aparência, cor, odor, sabor, textura). Portanto, tem o objetivo principal de proporcionar prazer ao ato de comer. A gastronomia de um país ou região é um de seus patrimônios culturais, mostrando trocas entre comunidades, adaptações, invenções, criatividade e técnica, e evidenciando características econômicas, sociais e tecnológicas. Além da culinária, ela trata dos ambientes, dos utensílios utilizados no preparo e serviço das refeições, da harmonização com bebidas e de fatores que garantem o aspecto refinado da alimentação.

Para os empreendedores na área da alimentação, são muito importantes o conhecimento e a aplicação prática de alguns conceitos gastronômicos, como uso de novos ingredientes, funcionalidades diversas de ingredientes tradicionais, tecnologias e equipamentos inovadores, bem como técnicas culinárias mais refinadas. Dessa maneira, é possível aumentar a aceitabilidade dos alimentos e preparações, fidelizar os clientes e conseguir mais lucros.

3.1 GASTRONOMIA APLICADA NO PREPARO DE PÃES, BOLOS E TORTAS

A culinária dos produtos feitos com farinha de trigo está pautada na funcionalidade desse alimento em formar glúten e nos procedimentos para a obtenção de leveza nas massas, ou levedação.

A farinha de trigo tem em sua composição, além de amido, duas proteínas (gliadina e glutenina), que, ao entrarem em contato com a água, formam o glúten, substância que dá elasticidade e estrutura à massa.

A aquisição de massas leves e porosas depende dos agentes de levedação ou levedo, substâncias gasosas presentes ou incorporadas às misturas à base de farinha de trigo. O quadro 3.1 mostra quais são os agentes de levedação e qual é sua ação para conferir leveza e porosidade às massas.

Quadro 3.1 | **Agentes de levedação**

Agente	Ação	Origem
Ar	Dilatação com o aquecimento.	Peneirar ingredientes secos. Bater claras em neve. Bater cremes de gordura e açúcar.
Vapor	Evaporação de líquidos durante a cocção.	Líquidos adicionados: ovos, leite, água.
CO_2 (gás carbônico)	Fermentação dos açúcares por levedura.	Fermento biológico (levedura *Saccharomyces cerevisiae*).
	Reação do bicarbonato de sódio com a água, na presença de um ácido.	Fermento químico em pó.

Dependendo do produto que se pretende obter, existem farinhas diversificadas e métodos de mistura de massa adequados à preparação e ao tipo de fermento adotado.

No preparo de pães, é esperado um produto com glúten bem desenvolvido, que mantenha a estrutura firme, mas com poros e leveza no miolo. Por isso, para pães em geral, utiliza-se fermento biológico, pois o tempo de levedação é mais longo e promove a fermentação da levedura, o que produz o CO_2 necessário para o desenvolvimento da massa.

No preparo de bolos, massas fritas e pastelaria, é utilizado o fermento químico, que, por agir de maneira imediata, não proporciona o desenvolvimento do glúten, indesejável nesse tipo de produto.

> **CURIOSIDADE!**
>
> A fermentação de pães pode ser feita por meio de outras leveduras além da *Saccharomyces cerevisiae*. Tem sido muito popular o uso de fermentação natural ou selvagem. O fermento natural ou levain é uma cultura de bactérias e leveduras presentes no ambiente em uma mistura de farinha e água, a partir de um substrato com alto teor de açúcar, como sucos de frutas.

3.1.1 PREPARO DE PÃES

Para preparar pães levedados com fermento biológico, os ingredientes indispensáveis são, além da farinha de trigo, líquidos (água, leite, sucos), fermento biológico, sal e açúcar, sendo o acréscimo de gorduras e ovos facultativo. É comum o uso de recheios, temperos e especiarias, como linguiça, azeitona, anchova, cebola, frutas secas, cravo e canela.

Hoje em dia, é comum misturar a farinha de trigo refinada, branca, com outros tipos de ingredientes, como farinha de trigo integral, farinha de centeio, aveia, grãos integrais de cereais, entre outros. Contudo, o pão tradicional, presente na alimentação humana há milhares de anos, é feito basicamente com farinha de trigo e água.

As técnicas de preparo de pães levedados com fermento biológico têm por objetivo uniformizar a mistura de ingredientes. É aconselhável diluir previamente o fermento em água ou leite morno com um pouco de açúcar, para ativar a ação da levedura e acelerar o processo de fermentação. Após a incorporação de todos os ingredientes, deve-se trabalhar a massa firmemente com as mãos (sovar) e deixá-la em repouso para crescer. Depois de desenvolvida até aproximadamente o dobro de seu volume, é moldada e colocada para assar. A técnica de sovar a massa propicia uma textura mais fina, com o glúten bem desenvolvido.

Uma alternativa para pães sovados é preparar uma massa rala preliminar, com parte da farinha acrescida aos líquidos, formando uma massa pouco espessa, que deverá crescer antes do acréscimo do restante da farinha e dos demais ingredientes. O uso dessa técnica proporciona uma textura ainda mais fina, pois o glúten é bem desenvolvido e são formadas milhões de minúsculas bolhas de ar.

Há receitas de pães em que a massa não é sovada, com a adição de farinha aos ingredientes líquidos aos poucos. Nesse caso, a massa é deixada em repouso para crescer, sem ser trabalhada, para depois ser moldada e assada. Os pães feitos com esse método ficam mais leves, esponjosos, úmidos e apresentam uma textura aveludada.

É importante destacar que existem produtos que levam a denominação de pão, mas são feitos com fermento químico, como o pão de minuto e o pão de milho. Entretanto, o resultado é muito diferente dos demais, já que o uso desse levedo não permite o desenvolvimento excessivo de glúten.

Como visto, embora as técnicas de preparo ou métodos de mistura sejam muito parecidos, os resultados podem ser muito diferentes, dependendo dos ingredientes e das proporções entre farinha, líquidos e gordura, por exemplo. No quadro 3.2, são destacadas as características dos pães mais encontrados no mercado, ressaltando que o uso de fermentação natural (levain) é um diferencial importante no mercado atualmente.

Quadro 3.2 | **Principais tipos de pães comercializados**

Nome	Características
Baguete	Pão clássico, de massa pobre, leva apenas farinha, fermento e sal.
Brioche	Muito macio e levemente adocicado, leva leite, ovos, manteiga e açúcar.
Ciabatta	Com uma massa bastante mole antes de assar, é feito com 2% de azeite e água gelada. Seu diferencial é a alta hidratação de sua massa, acima de 75%, e sua fermentação longa.
Croissant	Feito com alto teor de manteiga e ovo, contém quase 60% de gordura. Fica muito leve e folhado no final, e é normalmente apresentado em formato de meia-lua.
Focaccia	É um pão rústico típico da Itália, feito com ovos, leite, bastante azeite e água; lembra uma pizza retangular. A massa fica baixa na fôrma e leva coberturas. São feitos furinhos na superfície, para que o azeite penetre na massa.
Pão australiano	Adocicado e macio, contém farinhas de trigo branca e integral, farinha de centeio, cacau e açúcar mascavo.
Pão de aveia	É feito com farinha, aveia em flocos, leite e iogurte.
Pão de campanha	Pão de massa pobre, leva apenas farinha de trigo branca e 20% de farinha integral.
Pão de centeio	Feito com farinha de trigo e de centeio, com pouca gordura.
Pão de leite	Macio e levemente adocicado, tem leite integral, leite em pó, açúcar e manteiga em sua formulação.

3.1.2 PREPARO DE BOLOS

Bolos são preparações tradicionalmente feitas à base de farinha de trigo, que possuem alta proporção de açúcar, gorduras e ovos em relação às quantidades de farinha e líquidos (em geral, leite). Nesse tipo de massa, não é desejável o desenvolvimento do glúten; portanto, sua estrutura é dada pela gelatinização do amido da farinha e pela coagulação das proteínas dos ovos e do leite.

O crescimento da massa resulta da combinação dos três agentes de levedação: ar, gás carbônico e vapor. O ar é incorporado à massa pela batedura de gemas, gordura com açúcar e pelas claras batidas em neve. O vapor é formado durante a cocção, pela evaporação dos líquidos presentes na mistura. O gás carbônico, por fim, é liberado pela adição do fermento químico em pó, imediatamente ao entrar em contato com os líquidos e, em seguida, durante o aumento de temperatura, enquanto a estrutura se forma.

Para obter um bolo mais leve, as receitas clássicas indicam algumas técnicas que aumentam a incorporação de ar:

* inicialmente, bater gemas com açúcar e manteiga (ou margarina) até formar uma mistura cremosa e esbranquiçada, indicando que o ar foi incorporado;
* peneirar os ingredientes secos;
* adicionar, alternadamente, líquidos e farinha de trigo, misturando em vez de bater;
* acrescentar o fermento químico apenas no final;
* incorporar as claras batidas em neve por último, misturando levemente, em movimentos de baixo para cima, para não perder o ar incorporado.

Existem, também, os bolos feitos sem gordura, como o bolo esponja, ou pão de ló. Nesse tipo de massa, a estrutura se dá pela gelatinização do amido da farinha, coagulação das proteínas do ovo e formação de pequena quantidade de glúten. Os ingredientes utilizados são farinha de trigo, ovos, açúcar e algum componente ácido. A levedação é feita basicamente pelo ar incorporado nos ovos batidos, sem que haja, em geral, uso de fermento.

Os ovos são responsáveis por formar a estrutura desse tipo de bolo, por meio da coagulação das proteínas e pela incorporação de ar, principalmente pelas claras batidas em neve. Como esses bolos possuem uma quantidade maior de ovos do que aqueles feitos com gordura, o resultado é uma massa menos úmida, elástica e ideal para rechear e enrolar, como nos rocamboles.

No quadro 3.3, é apresentado o papel culinário dos principais ingredientes usados no preparo de bolos com e sem gordura.

Quadro 3.3 | **Funcionalidade de ingredientes no preparo de bolos**

Ingrediente	Bolos com gordura	Bolos sem gordura
Farinha de trigo	Forma a estrutura por meio do amido gelatinizado e da pequena produção de glúten.	Compõe a estrutura por meio do amido gelatinizado.
Líquidos	Hidratam a proteína e o amido que formam a estrutura do bolo, além de iniciarem a ação do fermento químico em pó.	Hidratam a proteína e o amido que formam a estrutura do bolo.
Fermento químico em pó	Contém o agente ativo responsável pela produção de gás carbônico.	Não costuma ser utilizado.
Açúcar	Além de adoçar, dissolve os fios de glúten, produzindo uma textura mais macia e delicada.	Tem as funções de adoçar e dissolver o glúten, produzindo uma textura mais macia e delicada, além de aumentar a temperatura de coagulação das proteínas do ovo, proporcionando mais firmeza na estrutura durante a cocção.
Gorduras	Manteiga e margarina têm plasticidade, ou seja, ficam cremosas e leves quando batidas, contribuindo para o amaciamento e produzindo uma textura fina e úmida.	Não são utilizadas.
Ovos	Participam da formação da estrutura pela coagulação das proteínas e pela incorporação de ar.	São os responsáveis por formar a estrutura por meio da coagulação das proteínas e pela incorporação de ar.
Ácido	Não é utilizado.	Estabiliza a espuma dos ovos batidos, proporcionando maior expansão e crescimento do bolo antes da coagulação das proteínas pelo calor do forno.

Além dos bolos clássicos, com e sem gordura, há uma grande variedade de bolos feitos com ingredientes diversos, substituindo-se parte da farinha de trigo por fubá, amido de milho, chocolate em pó, cacau, etc. É comum, também, substituir o leite por iogurte, sucos de frutas ou de vegetais, como a cenoura. Existem receitas, ainda, que adicionam outros ingredientes para valorizar o sabor e a textura, como frutas frescas e secas, castanhas e demais frutas oleaginosas, goiabada, etc.

Destacam-se também as receitas de bolos de liquidificador, que substituem todas as técnicas aqui expostas pelo método de, simplesmente, bater todos os ingredientes no liquidificador e usar óleo em vez de gordura sólida. Embora seja um método muito prático e rápido, que requer poucos utensílios, o resultado não é o mesmo de um bolo feito passo a passo.

3.1.3 PASTELARIA E MASSAS FRITAS

Outra aplicação bastante comum da farinha de trigo é na confecção dos produtos de pastelaria e em massas fritas. O termo "pastelaria" engloba as preparações assadas, como tortas, massas folhadas e pastelões, que possuem de média a alta quantidade de gordura. Já as massas fritas se caracterizam pelo controle da proporção entre líquido e farinha. Dependendo das quantidades de gorduras e líquidos, são obtidos como produtos:

* **Pastelaria de massa macia:** é feita com pouca hidratação do glúten, com as partículas de farinhas envoltas em gordura, o que impede o seu desenvolvimento. Trata-se das massas de torta em geral e da chamada massa podre.

* **Pastelaria de massa dura:** é preparada entremeando-se a farinha com líquido e gordura. Ao assar, o vapor de água expande, separando as camadas do glúten e produzindo o efeito de bolhas de ar, folhando a massa. Por isso também é chamada massa folhada.

* **Massa frita de abrir:** contém uma pequena proporção de líquidos em relação à farinha e precisa ser sovada e aberta com o rolo para desenvolver o glúten. Durante o processo de fritura, ocorre a expansão do vapor de água, que produz bolhas de ar e resulta em uma massa crocante. O exemplo mais conhecido é o pastel.

* **Massa frita de moldar:** apresenta uma proporção média de líquido em relação à farinha e quase não há desenvolvimento do glúten. Trata-se de preparações que podem levar ovos, o que aumenta seu valor nutritivo. Durante a fritura, acontece a coagulação das proteínas e a gelatinização do amido, e a crosta dourada é obtida pela caramelização do açúcar e pela dextrinização do amido externo. As roscas fritas são exemplos desse tipo de produto.

* **Massa frita de escorrer:** tem grande proporção de líquido em relação à farinha, e o glúten não é desenvolvido. A gelatinização do amido e a coagulação das proteínas da farinha e do ovo proporcionam a estrutura desse tipo de preparação. A fritura é feita com pouca ou nenhuma gordura. Exemplos típicos dessa preparação são os crepes e as panquecas.

> **CURIOSIDADE!**
>
> Na culinária dos produtos à base de farinha de trigo, o grande protagonista é o glúten, formado pelas proteínas gliadina e glutenina. Suas funcionalidades culinárias nesses produtos são bastante difíceis de conseguir com farinhas e amidos de outros cereais e leguminosas. Se quiser fazer produtos sem glúten, pesquise bastante e faça muitos testes, mas não espere resultados idênticos àqueles obtidos com a farinha de trigo.

3.2 GASTRONOMIA APLICADA NO PREPARO DE MASSAS ALIMENTÍCIAS

A legislação brasileira estabelece que massa alimentícia, ou macarrão, é o produto obtido pelo empasto e amassamento mecânico sem fermentação da farinha de trigo ou sêmola, podendo ser recheado e adicionado de substâncias permitidas e adquirido nas formas seca, pré-cozida ou instantânea.

O macarrão, característico da gastronomia italiana, está incorporado aos hábitos alimentares dos brasileiros de forma cotidiana. O mercado oferece vários tipos de massas, com diferentes formatos e cortes; as secas devem conter umidade máxima de 13% e apresentam as variedades longa, curta e para sopa:

* **Massa longa:** espaguete, linguini e talharim.
* **Massa curta:** penne, parafuso e farfalle.
* **Massa para sopa:** padre-nosso, ave-maria, conchinha e letrinha.

Existem, ainda, as massas recheadas, encontradas secas ou frescas, como agnolotti, cappelletti e canelone.

As massas frescas podem passar ou não por um processo de secagem parcial após o preparo, até alcançarem a umidade máxima de 35%. É possível prepará-las com ou sem recheio. As massas secas e frescas, com ou sem recheio, podem ser elaboradas de maneira artesanal, não industrializada, utilizando-se técnicas culinárias específicas.

Assim como as massas industrializadas, as artesanais são preparadas a partir do empastamento da farinha de trigo com água, podendo conter ovos, para depois serem amassadas e abertas com um rolo ou uma máquina de macarrão, antes de serem cortadas nos diversos formatos, similares aos das massas processadas. Bastante frequente nas receitas de macarrão artesanal ou caseiro, o uso de ovos é recomendado na proporção de 1 ovo para cada 100 g de farinha de trigo ou sêmola. Para fazer a massa verde, muito comum no mercado, basta adicionar à farinha um corante alimentício natural, como o espinafre em pó ou o próprio espinafre branqueado e picado. Outros ingredientes costumam ser adicionados à massa básica para formar outras cores, como extrato de tomate, tinta de lula, funghi seco em pó, beterraba em pó ou processada.

As massas artesanais, secas ou frescas, com ou sem recheio, podem ser comercializadas já cozidas ou para serem finalizadas pelo consumidor. Os molhos são normalmente oferecidos à parte, mas existem massas vendidas já cozidas e com molho. A não ser que sejam secas, as massas artesanais requerem cadeia de frio para a sua distribuição, devendo ser refrigeradas ou congeladas, pois são preparações perecíveis. Isso se dá em razão dos altos teores de proteínas e água, muito suscetíveis ao acometimento de microrganismos.

As massas alimentícias, industrializadas ou artesanais, após cocção em alto volume de água fervente com sal, são servidas com molhos variados. Estes podem ser vermelhos (à base de tomate), brancos (preparados a partir da base roux adicionada de leite ou creme de leite) ou com azeite e ingredientes diversos, característicos da culinária italiana. O quadro 3.4 mostra a composição de alguns dos molhos mais comumente usados.

CURIOSIDADE!

Quanto mais proteína tiver a farinha de trigo, mais glúten se formará, o que é ideal para o preparo de macarrão. Conheça os tipos de farinha:

→ **Farinha de trigo comum:** é a farinha obtida do grão de trigo comum ou mole (*Triticum aestivum* L.).

→ **Sêmola de trigo:** é a farinha obtida da moagem incompleta de trigo especial ou de primeira (com mais proteínas).

→ **Sêmola de trigo durum:** é o produto obtido da moagem incompleta do grão de trigo *Triticum durum*.

Quadro 3.4 | **Molhos para massas alimentícias**

Tipo	Nome	Ingredientes
Vermelhos	Ao sugo	Tomate, azeite e alho. Pode ter manjericão.
	À bolonhesa	Tomate, azeite e carne bovina moída.
	All'amatriciana	Azeite, tomate, pimenta calabresa e queijo pecorino.
	Alla puttanesca	Azeite, alho, tomate, azeitona preta, anchova, alcaparra e queijo pecorino.
Brancos	De queijos	Molho bechamel, queijos parmesão, muçarela e gorgonzola.
	Alfredo	Manteiga e queijo parmesão.
Outros	Al pesto genovese	Azeite, alho, pinoli, manjericão, queijo parmesão ou grana padano.
	Alla carbonara	Azeite, queijos pecorino e grana padano, ovos, pimenta-do-reino moída e em grãos. Algumas receitas levam bacon.
	Funghi secchi	Manteiga, queijo parmesão, funghi secchi e creme de leite.

3.3 GASTRONOMIA APLICADA NO PREPARO DE SOBREMESAS

As sobremesas são preparações servidas ao final de uma refeição. Podem ser de frutas ou à base de açúcar, chamadas doces.

O açúcar, muito presente na mesa dos brasileiros desde a chegada dos colonizadores portugueses, faz parte da cultura gastronômica do país, participando de diversas preparações à base de frutas, leite, ovos, milho, amendoim e mandioca. Consta na história da gastronomia brasileira que os primeiros doces genuinamente brasileiros foram: rapadura, paçoca, pé de moleque, cocada, quindim e bolo de mandioca.

3.3.1 CULINÁRIA DO AÇÚCAR

O açúcar de mesa do brasileiro é a sacarose, formada por duas moléculas de monossacarídeos (açúcares simples), a glicose e a frutose. Além da forma refinada, pode ser encontrado cristalizado, misturado ao amido (açúcar de confeiteiro), em tabletes, como melaço (xarope), mascavo (bruto) ou demerara (pouco refinado).

Embora sofram menos processamento que o refinado, os açúcares mascavo e demerara não podem ser considerados fontes de minerais e vitaminas, pois a quantidade desses elementos nesses tipos de açúcar não justifica a opção por um deles em detrimento do refinado. O açúcar é fonte de carboidratos simples, portanto fornece apenas energia na alimentação. A escolha por um desses tipos depende apenas do resultado sensorial que se pretende alcançar, já que são mais escuros e têm sabor mais marcante, enquanto o refinado é branco e com sabor doce apenas.

Além de seu poder edulcorante (de adoçar), o açúcar apresenta outras funcionalidades culinárias, como ser o nutriente necessário à fermentação de massas preparadas com fermento biológico e retardar o desenvolvimento do glúten no preparo de pães rápidos e bolos. Também dá coloração às superfícies de pães e bolos e age como conservante na preparação de carnes curadas, compotas e conservas de vegetais.

Sua principal função culinária aparece, entretanto, em preparações chamadas caldas, sendo o principal ingrediente de balas, bombons, caramelos e glacês. As seguintes propriedades físico-químicas do açúcar permitem que ele seja o protagonista dessas preparações:

* **Poder edulcorante ou grau de doçura:** capacidade de ativar as papilas gustativas, causando a sensação de dulçor.

* **Ponto de fusão:** quando o açúcar é aquecido e derrete, formando um líquido claro.

* **Caramelização:** formação da cor e do sabor característicos do caramelo, quando o aquecimento do açúcar continua sem adição de líquidos.

* **Solubilidade:** capacidade de dissolver perfeitamente na água, formando uma solução.

* **Ponto de ebulição:** temperatura em que a calda ferve; depende da quantidade de açúcar na solução.

* **Formação de açúcar invertido:** quando uma mistura de açúcar e água é aquecida por um longo período, ocorre hidrólise (quebra da molécula), formando uma solução de glicose e frutose que passa a ser chamada açúcar invertido. Por ser mais solúvel e viscoso, dificulta a formação de cristais de açúcar, controlando a cristalização.

* **Cristalização:** ocorre em soluções supersaturadas de açúcar, ou seja, quando a quantidade de sólido (açúcar) é muito alta, inviabilizando a formação de uma solução perfeita e com a sedimentação do açúcar no fundo do recipiente. Sob aquecimento, é possível acrescentar mais açúcar a uma solução saturada, produzindo uma supersaturada que, ao ser resfriada, formará cristais.

A cristalização do açúcar é, portanto, sua principal funcionalidade culinária quando ele é o ingrediente principal. Aplicando-se técnicas culinárias adequadas, é possível controlar a quantidade de núcleos formados na solução, o tamanho dos cristais e até impedir sua formação. Essas técnicas incluem o grau de agitação aplicado à solução de açúcar e o acréscimo de ingredientes que impedem a cristalização graças à sua viscosidade, como xaropes, açúcar invertido, leite e gordura.

As preparações que têm o açúcar como ingrediente principal são elaboradas a partir de uma calda, ou seja, uma solução supersaturada de açúcar aquecida até temperaturas que aumentem a concentração da mistura pela evaporação da água, resultando em produtos distintos. Essas diferentes concentrações da solução, quando se prepara uma calda, são denominadas pontos de calda. As temperaturas atingidas pela solução variam de 103 °C a 160 °C, formando os pontos de fio fraco, fio forte, bala mole, bala dura e caramelo.

Como resultado, a partir dessas caldas, teremos produtos cristalizados ou não cristalizados. Nas caldas não cristalizadas, evita-se a formação de cristais pelo acréscimo de ingredientes viscosos, obtendo-se como produtos as balas duras (pirulitos, puxa-puxa), os caramelos, o marshmallow e as balas de goma ou geleia. Para o preparo de produtos à base de caldas cristalizadas, o controle da cristalização é feito pelo acréscimo de ingredientes e agitando-se a mistura durante o resfriamento, para determinar a quantidade e o tamanho dos cristais formados. As preparações mais conhecidas são o fondant, o fudge e os alfenins (balas de coco).

3.3.2 CONFEITARIA BÁSICA

O tema confeitaria é muito abrangente e engloba uma variedade de preparações, como massas quebradiças, folhadas, secas e líquidas, merengues, cremes, glacês, recheios e coberturas, entre outras.

Serão abordadas, a seguir, as preparações mais básicas, presentes em várias receitas da confeitaria clássica. Foram utilizadas as nomenclaturas da gastronomia francesa, que é tida como uma referência tradicional nesse assunto:

* **Pâtisserie:** as pâtes, ou massas, são as bases para doces e salgados. Levam geralmente em sua composição gordura, farinha de trigo, açúcar, sal e ovo. Algumas delas são:
  - pâte sucrée: massa mais doce, mais delicada;
  - pâte sablée: massa menos doce, mais resistente ao calor;
  - pâte brisée: não leva açúcar e contém quantidades mínimas de sal. É neutra;
  - pâte breton: leva fermento químico em sua composição.

* **Merengues:** são o resultado da incorporação de ar e açúcar às claras pela batedura. Os merengues clássicos são:

  ○ francês: é obtido com claras batidas em neve e adição gradual de açúcar refinado no momento do batimento;

  ○ suíço: é uma mistura de claras com açúcar, levada ao banho-maria; deve-se mexer constantemente até atingir 75 °C. Feito isso, é necessário utilizar a batedeira, até que a mistura esteja fria ao toque;

  ○ italiano: trata-se das claras batidas em neve com a adição gradual de uma calda de açúcar em fio, ao ponto de 115 °C. Com essa base, prepara-se o marshmallow, com a adição de gelatina e aromatizantes.

* **Cremes:** preparados a partir de ingredientes proteicos e espessados, podem ser utilizados como guarnição, recheio, cobertura ou base para sobremesas. Os mais comuns são:

  ○ anglaise: composto de creme de leite, gema e açúcar, podendo ser aromatizado com redução de polpas e purês de frutas;

  ○ au beurre: conhecido como creme manteiga, composto de merengue e grande quantidade de manteiga. Pode ser preparado, portanto, a partir dos três tipos de merengue (suíço, francês e italiano);

  ○ bavaroise: é uma sobremesa gelada feita com ovos, crème fouettée e gelatina, aromatizada com purê de frutas e outros aromas;

  ○ chantili: é composto de uma mistura de açúcar e creme de leite fresco, levada à batedeira até atingir picos médios, podendo conter aroma de baunilha;

  ○ fouettée: composto apenas de creme de leite fresco batido em picos médios;

  ○ pâte à bombe: é uma mistura de calda de açúcar e gemas de ovos batidos, com textura cremosa, utilizada como componente aerador para dar leveza a sobremesas;

- pâtissière: também chamado creme de confeiteiro, é preparado à base de leite, gemas, açúcar, amido de milho e fava de baunilha;
- pudim: é uma produção à base de ovos, leite, leite condensado ou algum tipo de queijo, cozido em banho-maria. Existem vários sabores de pudins;
- zabaione: é uma preparação espumosa, de origem italiana, obtida pela batedura de gemas com vinho Marsala e açúcar, em banho-maria.

* Musses: preparações leves e de textura delicada, devido à adição de ingredientes que incorporam ar. O significado da palavra em francês (*mousse*) é "aglomerado de bolhas". Podem ser feitos a partir das seguintes bases:

- merengue italiano;
- pâte à bombe;
- zabaione.

* Outras sobremesas francesas clássicas:

- crème brûlée: feito com leite, creme de leite, gemas de ovos, açúcar e baunilha, é coberto por uma camada de açúcar na superfície, queimada com um maçarico para caramelizar a crosta;
- éclair: feito a partir da chamada massa choux, de textura leve e aerada, recheado com cremes diversos. Aqui no Brasil, é conhecido como bomba;
- macarons: são pequenos suspiros coloridos, feitos com claras de ovos batidas com açúcares cristal e de confeiteiro, acrescidas de farinha de amêndoas, e assados lentamente, em temperatura baixa.

SAIBA MAIS!

A confeitaria clássica francesa às vezes tem interpretações variadas de suas receitas. Para pesquisar receitas dessas preparações, procure livros clássicos de confeitaria, como o *Técnicas de confeitaria profissional* (SEBESS, 2011).

Levam recheios diversos, em geral combinando com a cor dos biscoitinhos;
- savarin: é uma sobremesa francesa típica, feita com massa levedada semilíquida, assada em formato de anel e banhada com calda de açúcar e rum;
- tarte tatin: é uma torta de maçã montada ao contrário, ou seja, a maçã vai por baixo e a massa por cima, resultando, após assar e desenformar, em uma torta invertida.

3.4 AVALIAÇÃO SENSORIAL DE PREPARAÇÕES

A avaliação sensorial dos alimentos e das preparações alimentícias é uma metodologia aplicada na área de alimentação com o objetivo de analisar, medir e interpretar a percepção das características dos alimentos por meio dos cinco sentidos – visão, olfato, paladar, tato e audição –, utilizados como ferramentas de percepção e instrumentos de análise dos seres humanos.

O mercado de alimentos costuma apresentar alta competitividade, com rápidas mudanças no perfil de consumo e muito dinamismo no lançamento de novos produtos.

É importante que o empreendedor da área de comida compreenda essa metodologia e a aplique ao seu negócio, especialmente durante o desenvolvimento do produto, para avaliar, definir e consolidar o protótipo, adequando-o às exigências do cliente e assegurando um bom desempenho comercial.

3.4.1 CARACTERÍSTICAS SENSORIAIS DE ALIMENTOS E PREPARAÇÕES

As características sensoriais dos alimentos, também chamadas características organolépticas, são aquelas perceptíveis pelos órgãos dos sentidos. As propriedades físico-químicas dos alimentos ou preparações são percebidas pelos sentidos, provocando reações, positivas ou negativas, de aceitação ou de rejeição. Assim, ao termos contato com um alimento, produto ou preparação alimentícia, somos afetados por suas características sensoriais, tais como aparência, forma, volume, cor, estado físico, aroma, sabor, consistência e textura, por meio dos nossos sentidos.

Vale ressaltar que a qualidade sensorial de um alimento não é uma característica própria dele, mensurável por equipamentos, como o potencial hidrogeniônico (pH) e a umidade, mas, sim, o resultado da interação entre o homem e o alimento. Usamos, portanto, medidas subjetivas, como aparência, sabor, aroma e consistência, cuja interpretação depende do provador.

* **Visão:** usa-se esse sentido para perceber os aspectos dos alimentos que podem ser vistos imediatamente, como tamanho, forma, cor e estado físico. A simples aparência de uma preparação ou de um alimento pode produzir sensações imediatas de aceitação ou de rejeição, conforme a avaliação feita nesse primeiro contato visual.

* **Tato:** o sentido do tato traz percepções sobre textura, consistência, forma, peso e temperatura, por meio de receptores presentes nas mãos e na boca. Ao pegar um alimento nas mãos, são percebidas características complementares à visão, como a firmeza de uma fruta. Os receptores de tato da boca, localizados nos lábios, bochechas, gengivas, língua, palato, maxilares e dentes, são bastante sensíveis a fatores como peso, temperatura, consistência e textura de um alimento, antes e durante a mastigação.

* **Audição:** esse sentido complementa as sensações originadas pelo tato, já que a mastigação provoca sons que se comparam com a memória sobre o tipo de alimento consumido. Esperam-se, por exemplo, sons compatíveis com biscoitos crocantes, legumes crus tenros e frutas suculentas, por meio de vibrações captadas pelo receptor do ouvido interno.

* **Olfato:** o odor dos alimentos é produzido por substâncias voláteis e complexas presentes em sua composição ou resultantes da interação entre os ingredientes de uma preparação. Quando se coloca o alimento na boca e se inicia a mastigação, seu cheiro característico é liberado e passa às narinas através da nasofaringe até o epitélio olfativo. Como existe uma conexão direta com o bulbo olfativo no cérebro, odores podem evocar memórias e estimular reações imediatas de rejeição ou aceitação. É comum associar odores de alimentos a memórias afetivas.

* **Paladar:** isoladamente, o sentido da gustação tem percepções bastante limitadas, identificando apenas quatro gostos básicos: salgado, doce, ácido e amargo. As papilas presentes na língua humana são os receptores dessas sensações. Existem estudos dedicados ao reconhecimento de um quinto gosto, o umami, palavra japonesa que significa agradável, gostoso. Bastante comum na culinária oriental e inicialmente considerado um realçador de sabor, está presente no glutamato de sódio.

> **CURIOSIDADE!**
>
> O sabor de um alimento ou de uma preparação é o resultado da combinação de odor ou aroma com gosto.
>
> As características de um alimento dependem mais do odor ou aroma do que do gosto.
>
> **AROMA (*ODOR*) + GOSTO = SABOR (*FLAVOR*)**

Na análise sensorial de alimentos, chama-se de rota sensorial – mostrada na figura 3.1 – o resultado do estímulo dos alimentos nos órgãos dos sentidos até atingir o cérebro humano.

Figura 3.1 | **Rota sensorial**

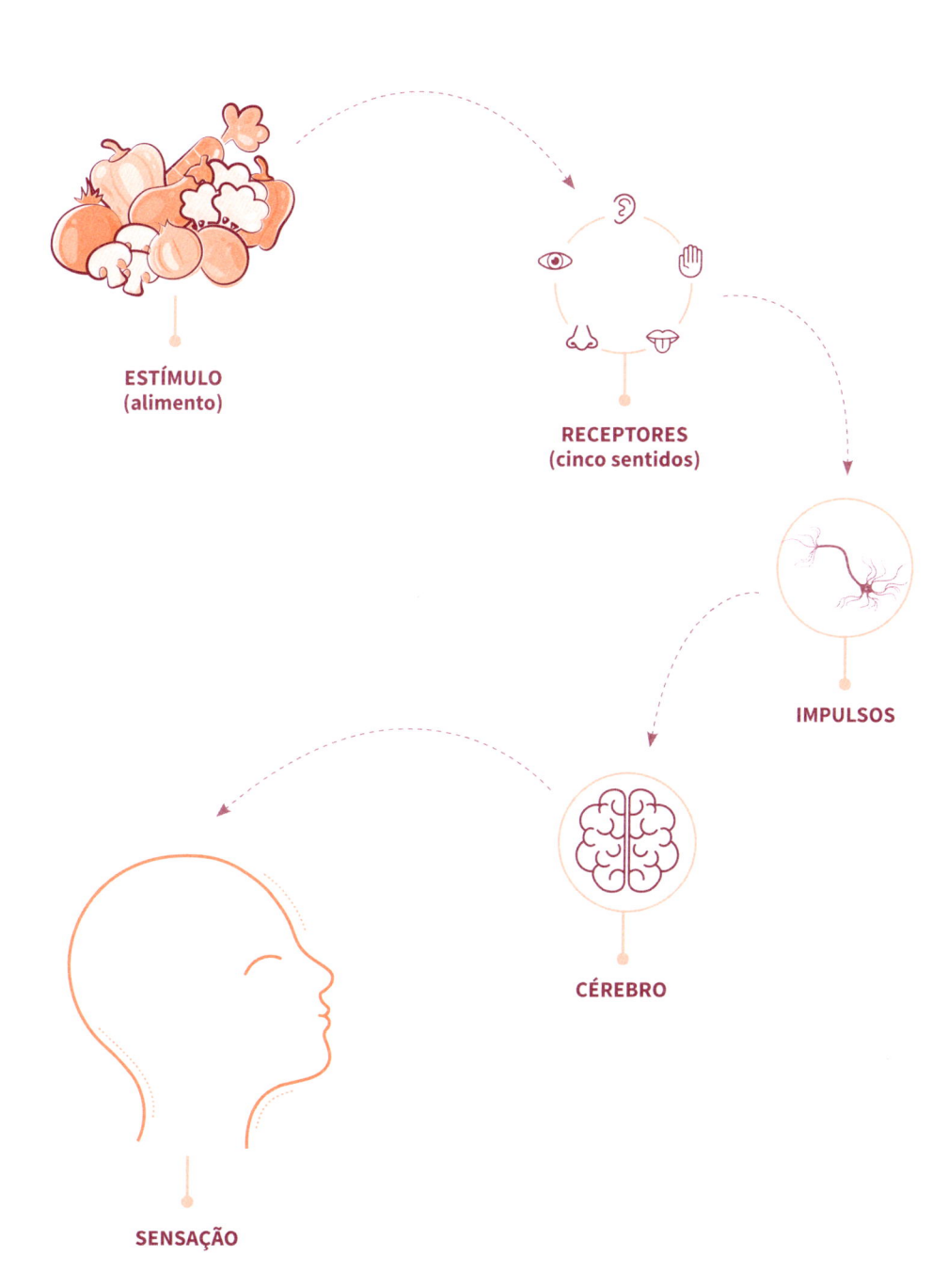

ESTÍMULO
(alimento)

RECEPTORES
(cinco sentidos)

IMPULSOS

CÉREBRO

SENSAÇÃO

3.4.2 AVALIAÇÃO SENSORIAL DE ALIMENTOS E PREPARAÇÕES

A avaliação sensorial de alimentos é largamente adotada pela indústria alimentícia, pois possibilita:

* obter indicações seguras quanto à aceitação do produto ou preferência dos consumidores por produtos da mesma categoria;
* realizar estudos comparativos ou testes de desempenho do produto (performance) com relação aos concorrentes;
* minimizar riscos durante o processo de desenvolvimento de produtos;
* identificar características sensoriais que descrevam o produto de forma objetiva;
* definir alterações de ingredientes e formulações;
* observar mudanças sensoriais durante o processamento ou a estocagem, estabelecendo a validade ou a vida de prateleira (*shelf life*) do produto.

Para os empreendedores na área de alimentação, a metodologia de avalição sensorial de alimentos permite que, durante o desenvolvimento do produto, sejam analisadas as alternativas de ingredientes, as formulações possíveis e os resultados sensoriais esperados, bem como definidos os parâmetros de qualidade de um produto.

É possível, por meio dessa metodologia, determinar com maior segurança o prazo de validade de uma preparação, observando as alterações sensoriais sofridas durante o período de armazenagem.

Muitos testes podem ser feitos nas diversas etapas do desenvolvimento, e as preparações podem ser analisadas sensorialmente usando-se os métodos de avaliação sensorial que serão expostos a seguir.

Existem vários métodos de avaliação sensorial utilizados e referendados pela Associação Brasileira de Normas Técnicas (ABNT), os quais podem ser qualitativos, quantitativos, afetivos, descritivos, discriminativos ou de diferença, sendo que a maioria deles deve ser feita por provadores treinados. Quando o teste visa mensurar a aceitação de uma preparação, ele pode ser feito por consumidores.

Os principais testes de avaliação sensorial aplicáveis durante o desenvolvimento de um produto são:

* **Testes de diferença:** indicam se as amostras analisadas são iguais ou diferentes para um único parâmetro, como cor, sabor, textura ou consistência. Os mais adotados são comparação pareada, teste triangular e teste duo-trio.

* **Testes de qualidade:** comparam diferentes amostras, focando em uma ou mais características e medindo a intensidade e o grau de aceitabilidade desse parâmetro, como o grau de dulçor de um produto. Os mais usados são avaliação em série, teste por pontos, escala hedônica e perfil do sabor.

* **Testes de aceitação ou preferência:** são os testes mais utilizados; medem a opinião dos consumidores em relação ao produto como um todo (avaliação global) ou tendo em mente parâmetros sensoriais isolados, como aparência, cor, odor e sabor.

No caso de um empreendedor que deseja lançar um produto ou preparação no mercado alimentício, é recomendada a aplicação dos testes de qualidade, pois se pretende aprimorar a etapa de desenvolvimento do produto, desde o piloto inicial até o resultado definitivo. Um dos mais utilizados é a escala hedônica, que permite avaliar parâmetros específicos de interesse para determinar a qualidade sensorial e atribuir notas globais de aceitação do produto. O uso dessa escala possibilita, portanto:

* avaliar novos produtos;
* efetuar o controle de qualidade dos produtos já comercializados;
* realizar testes para armazenamento;
* avaliar níveis de intensidade de características sensoriais.

A escala hedônica é estruturada verbalmente em nove pontos, sendo a mais empregada em testes de aceitação.

A figura 3.2 apresenta um possível modelo de ficha de avaliação sensorial que usa a escala hedônica (escala de notas) como ferramenta. Nesse modelo, são avaliadas três amostras de um mesmo produto, permitindo identificar o desempenho de cada uma delas em cinco caraterísticas sensoriais, que podem ser alteradas de acordo com o produto.

Esse tipo de ficha também pode ser adaptado para uma amostra apenas e utilizado para a avaliação global do produto, sem notas para cada característica sensorial. Dessa maneira, mede-se a aceitação do produto como um todo.

Figura 3.2 | **Modelo de ficha de avaliação sensorial**

PRODUTO: _____   AVALIADOR: _____   DATA: _____

Você está recebendo três amostras codificadas do produto. Avalie cada característica indicada, usando a escala de pontos a seguir:

AMOSTRAS	APARÊNCIA	COR	ODOR	TEXTURA	SABOR	SOMA (MÁXIMO 45)
W						
X						
Y						

ESCALA DE NOTAS	
NOTA	PARÂMETROS
1	DESGOSTEI MUITÍSSIMO
2	DESGOSTEI MUITO
3	DESGOSTEI REGULARMENTE
4	DESGOSTEI LIGEIRAMENTE
5	INDIFERENTE
6	GOSTEI LIGEIRAMENTE
7	GOSTEI REGULARMENTE
8	GOSTEI MUITO
9	GOSTEI MUITÍSSIMO

417

TECNOLOGIAS DE CONSERVAÇÃO DE ALIMENTOS

O empreendedor que pretende entrar na área de alimentação deve conhecer as técnicas de conservação aplicadas pelas indústrias de alimentos aos produtos processados encontrados no mercado. Assim, poderá definir com segurança quais os ingredientes mais adequados à preparação que planeja comercializar.

Também é possível, com esse conhecimento, identificar se o seu produto exigirá a aplicação de alguma tecnologia de conservação para garantir sua qualidade e durabilidade, determinando-se o prazo de validade.

A escolha da embalagem mais apropriada ao produto depende das técnicas culinárias empregadas, da tecnologia de conservação e da durabilidade almejada, sem que se alterem as características de qualidade do produto.

4.1 CAUSAS DAS ALTERAÇÕES NOS ALIMENTOS

As alterações identificadas nos alimentos se dão por vários motivos, como a contaminação por microrganismos, a ação de enzimas (existentes nos alimentos), reações químicas não enzimáticas, ataque de insetos, roedores e outras pragas, além de mudanças do estado físico, entre outras. As alterações sofridas pelos alimentos afetam as características sensoriais e a qualidade sanitária dos produtos, podendo causar risco à saúde de quem os ingere.

As causas dessas alterações podem ser assim enumeradas:

* **Contaminação por microrganismos:** a deterioração dos alimentos ocorre, em grande parte, devido à ação de microrganismos. Por isso, a maioria dos processos de conservação procura eliminar total ou parcialmente condições que favoreçam o seu desenvolvimento. Os fatores que influenciam a procriação microbiana são o valor nutritivo, a quantidade de água presente, a temperatura, a presença de oxigênio e o teor de acidez dos alimentos.

* **Reações químicas enzimáticas:** as enzimas são substâncias encontradas nos alimentos, com estrutura de proteínas, e exercem a função de acelerar as reações químicas próprias do metabolismo dos alimentos; algumas são benéficas. Em certos casos, essas reações químicas podem ser indesejáveis aos alimentos, mudando suas características sensoriais. As reações que mais ocorrem por conta da ação das enzimas são a rancidez hidrolítica em gorduras e o escurecimento enzimático em frutas e legumes.

* **Reações químicas não enzimáticas:** são reações químicas que acontecem no alimento e que não dependem da presença de enzimas. As principais reações químicas não enzimáticas são o ranço oxidativo nas gorduras e o escurecimento químico causado pela reação entre açúcares redutores e compostos proteicos, como a reação de Maillard e a caramelização, que podem ser benéficas em alguns casos.

* **Ataque de insetos, pragas e roedores:** as alterações provocadas nos alimentos por insetos, roedores, ovos de parasitas e larvas sugerem más condições de higiene e provocam repulsa, pois conferem odor e sabor desagradáveis, impedindo o consumo. Além disso, os

insetos e os roedores destroem os grãos de cereais e leguminosas, pois, ao atacar o alimento, facilitam a entrada de microrganismos.

* **Mudanças físicas:** mudanças no estado físico dos alimentos podem ocorrer em virtude da exposição a diferentes temperaturas, causando derretimento ou congelamento, ou outros procedimentos inadequados, como deixar os alimentos ao sol e manuseá-los de modo deficiente.

Controlar os fatores que interferem nessas alterações é o objetivo da indústria de alimentos ao aplicar as tecnologias de conservação. Tais aspectos podem ser intrínsecos, isto é, presentes no próprio alimento, ou extrínsecos, dependendo das condições ambientais externas. O quadro 4.1 mostra os principais fatores que interferem nessas alterações.

Quadro 4.1 | **Fatores que interferem nas alterações dos alimentos**

Fatores intrínsecos	Teor de umidade ou atividade de água: quanto mais água livre o alimento apresentar, maior a possibilidade de contaminação por microrganismos.
	Teor de acidez: a acidez determina o tipo de microrganismo que melhor se desenvolve no alimento.
	Composição química: certos nutrientes são essenciais para o crescimento e o desenvolvimento de microrganismos e favorecem reações enzimáticas.
	Origem: os alimentos de origem animal são mais propensos a sofrer putrefação, enquanto os de origem vegetal são mais alterados por fermentação.
Fatores extrínsecos	Temperatura ambiental: algumas reações são aceleradas por temperaturas altas, enquanto a ação de microrganismos depende de temperaturas amenas para ocorrer.
	Umidade relativa do ar: para alguns microrganismos, é necessário um ambiente úmido, o que também acelera algumas reações químicas.
	Presença de oxigênio e de luz: as reações enzimáticas normalmente dependem da presença de ar e luz para ocorrer de forma mais eficiente, assim como a ação de alguns microrganismos.

4.2 MÉTODOS DE CONSERVAÇÃO DOS ALIMENTOS

Agora que já foram apresentados os fatores que podem alterar os alimentos, serão abordados os métodos adotados pela indústria de alimentos para conservá-los, com o emprego de técnicas, processos e equipamentos que devem prevenir a ocorrência, evitar ou deter tais alterações, mantendo as características dos alimentos inalteradas. O pequeno empreendedor é capaz de aplicar algumas dessas técnicas, pois nem todas requerem equipamentos especiais e podem ser acionadas por meio de processos controlados e equipamentos de uso doméstico.

O objetivo dos processos de conservação é evitar que ocorram alterações nos alimentos, sejam elas de origem microbiana, enzimática, física ou química. Basicamente, o que se deve fazer para conservá-los é reduzir ou eliminar as possibilidades de deterioração, decorrentes das próprias enzimas presentes nos alimentos, ou de contaminação por microrganismos, sejam eles bactérias, fungos, bolores ou leveduras. Os métodos mais usados na conservação dos alimentos são:

* **Aplicação de calor:** temperaturas altas eliminam microrganismos ou controlam seu crescimento e desenvolvimento. Em temperaturas acima de 65 °C, elimina-se a maioria das bactérias. Se a temperatura atingir 100 °C, ou seja, fervura, nenhum microrganismo sobrevive. Os métodos mais adotados pela indústria de alimentos com aplicação de calor são pasteurização, esterilização, apertização e cozimento a vácuo na embalagem. Ao se aplicar calor durante a etapa de preparo culinário dos alimentos, os mesmos resultados são obtidos.

* **Utilização do frio:** temperaturas baixas retardam as reações químicas e as atividades enzimáticas, além de diminuir ou inibir o crescimento e a atividade de microrganismos. Entre 0 °C e 10 °C, existe um retardamento dessas atividades, enquanto abaixo de 0 °C, elas são paralisadas. A indústria de alimentos utiliza métodos como a refrigeração, o congelamento e o supergelamento com essa

finalidade. Serão discutidas com mais detalhes, neste capítulo, as técnicas de congelamento, pois são perfeitamente aplicáveis no preparo culinário de alimentos.

* **Controle da umidade:** a retirada da água do alimento impede a proliferação de microrganismos, bem como reações químicas indesejáveis. Industrialmente, um dos métodos mais correntes para aumentar a vida útil dos alimentos é a desidratação até níveis que impeçam o crescimento e o desenvolvimento de bactérias, fungos e leveduras prejudiciais à saúde. Para tanto, utilizam-se os métodos de secagem natural, desidratação e liofilização. Atualmente, existem equipamentos domésticos disponíveis no mercado que permitem aplicar esses métodos de conservação fora da indústria.

Uma das técnicas mais simples de preservação dos alimentos é a secagem natural, empregada desde a era pré-histórica. É, portanto, um processo copiado da natureza e aperfeiçoado com o passar dos tempos, mas só pode ser empregado, com o sucesso desejado, em regiões de clima quente, seco e livre de chuvas. Os cereais e as leguminosas são conservados pelo processo de secagem natural.

A secagem artificial, também chamada desidratação, é a secagem pelo calor produzido artificialmente em condições de temperatura, umidade e corrente de ar muito bem controladas. A maioria dos métodos de secagem artificial usa a passagem de ar aquecido sobre o alimento a ser desidratado, com umidade relativa controlada. As vantagens desse processo em relação à secagem natural são a rapidez, o controle das condições de desidratação e a redução da área de secagem necessária.

> **SAIBA MAIS!**
>
> Para se aprofundar no tema, assista ao vídeo da Embrapa sobre desidratação de frutas, disponível em: https://youtu.be/H5He16jmN7w.

Entretanto, são necessários maior investimento financeiro e mão de obra especializada.

Deve-se destacar que, ao preparar um alimento com calor seco, promove-se a sua desidratação. Logo, algumas preparações assadas, como pães, bolos e tortas, poderão ter umidade residual baixa o bastante para dispensar outra tecnologia de conservação. A atenção, nesse caso, deve ser dada a recheios e coberturas úmidos, que poderão exigir controle de temperatura na distribuição desses pratos.

* **Adição de um soluto:** esse método usa o mesmo princípio da desidratação, ou seja, não deixar água disponível para o desenvolvimento de microrganismos e para a ocorrência de reações químicas indesejáveis. A concentração de sólidos solúveis provoca pressão osmótica, que retira a água do meio menos concentrado para o mais concentrado. Na aplicação desse método, a indústria de alimentos usa a adição de sal ou açúcar, como na produção de peixes e carnes salgadas e compotas de frutas, por exemplo. O sal e o açúcar são ingredientes altamente higroscópicos, ou seja, absorvem com facilidade a água disponível no ambiente ou na solução, provocando a indisponibilidade de água para o crescimento de microrganismos.

* **Defumação:** um dos métodos de conservação mais antigos, esse processo consiste na aplicação de fumaça aos produtos alimentícios. Tem como base dois princípios simultâneos, pois o contato com o calor e com a fumaça provoca a desidratação do alimento, ao mesmo tempo que a fumaça dos ingredientes queimados forma barreiras físicas e químicas eficientes contra a penetração e a atividade de microrganismos. Industrialmente, em alguns embutidos, como linguiças e salames, usa-se esse método de conservação.

* **Radiação:** o emprego da irradiação, sob o ponto de vista tecnológico, satisfaz plenamente o objetivo de proporcionar aos alimentos estabilidade química e microbiológica, condições de

sanidade e longo período de armazenamento. É um método ainda pouco empregado pela indústria, em razão do alto custo dos equipamentos.

* **Uso de aditivos:** na indústria alimentícia, os aditivos podem contribuir muito para conservar os alimentos. A adição de substâncias específicas nos processos industriais modifica o tempo de vida útil dos produtos. A indústria usa conservantes, estabilizantes, antioxidantes e acidulantes com essa finalidade. Vale lembrar que as atuais recomendações para a alimentação saudável desaconselham o uso de alimentos ultraprocessados, como já abordamos, pela presença de aditivos nesses produtos. Portanto, o indicado é que o pequeno empreendedor evite aplicar aditivos químicos ao seu produto, garantindo as características de "produto natural", "comida de verdade" e outros apelos comerciais muito valorizados pelos consumidores hoje em dia.

> **DICA!**
>
> Para evitar o emprego de aditivos químicos, use os conhecimentos sobre funcionalidades culinárias de ingredientes que estão no capítulo 2, "Técnicas culinárias e gastronomia", deste livro.

4.3 CONGELAMENTO E DESCONGELAMENTO DE ALIMENTOS E PREPARAÇÕES

Para os pequenos empreendedores na área de alimentos que não pretendem investir em equipamentos industriais e querem garantir o apelo artesanal de "comida de verdade" em seus produtos, o congelamento é um dos mais simples e eficientes métodos de conservação. Como já se sabe, as baixas temperaturas diminuem a velocidade ou paralisam a atividade dos microrganismos, além de interromperem as reações químicas naturais ou de deterioração dos alimentos.

O congelamento de ingredientes e pratos prontos não altera muito suas características, mantendo cor, sabor, textura e valor nutritivo, desde que observadas as técnicas adequadas e que os alimentos sejam submetidos ao processo em boas condições de qualidade inicial.

Quando o alimento está congelado, grande parte da água em sua composição encontra-se na forma de cristais de gelo. O processo de congelamento deve ser controlado para evitar que os cristais de gelo prejudiquem a estrutura física dos alimentos e alterem sua composição bioquímica, além de garantir a qualidade sanitária. O objetivo de congelar ingredientes e preparações alimentícias é preservar sua integridade e qualidade, de forma que, ao serem descongelados, o produtos mantenham suas características iniciais.

O processo de congelamento deve ser feito com técnicas que garantam uma rápida queda na temperatura do alimento, atingindo logo a faixa máxima de cristalização, que é, para a maioria dos produtos, de 0 °C a −5 °C. O congelamento estará completo quando a temperatura atingir −18 °C, com limite de −12 °C, a qual deverá ser mantida durante o armazenamento e o transporte.

Para os pequenos empreendedores em negócios com comida, as vantagens do congelamento são muitas. No caso de ingredientes que componham as preparações, isso permite programar as compras e planejar a produção, além de resolver imprevistos quando algum ingrediente não estiver na safra de produção e economizar tempo e recursos financeiros ao aproveitar ofertas no mercado. Já a escolha do congelamento como tecnologia de conservação do produto pronto, para comercialização, tem como benefício a possibilidade de planejar e programar a produção de vários produtos, bem como a manutenção da qualidade sensorial, nutricional e sanitária da preparação, sem alterar as características de preparação caseira ou comida de verdade.

4.3.1 TÉCNICAS DE CONGELAMENTO DE INGREDIENTES *IN NATURA*

A formação de cristais de gelo ocorre nos tecidos dos alimentos de origem animal e vegetal quando resfriados em temperaturas abaixo de 0 °C. A velocidade de formação dos cristais de gelo está relacionada com a velocidade de retirada do calor do produto, por isso é necessário resfriar rapidamente o alimento antes de congelá-lo. Quanto mais rápido ocorrer a formação de cristais de gelo, menores eles serão, prejudicando menos a estrutura do alimento. Quando o congelamento é lento, formam-se cristais grandes, e a água intercelular vaza através das paredes das células, provocando uma situação de colapso, que causa danos mecânicos ao alimento.

Na prática, o processo de congelamento estará completo quando a maior parte da água congelável, no centro do produto, tiver sido transformada em gelo, o que acontece, na maioria dos casos, a uma temperatura de −18 °C.

4.3.1.1 CONGELAMENTO DE INGREDIENTES DE ORIGEM VEGETAL

Os tecidos dos alimentos de origem vegetal, como hortaliças e frutas, são constituídos por celulose (fibra), pectina e amido (carboidratos), além de muita água. A formação de gelo durante o congelamento resulta em algumas alterações indesejáveis nesses tecidos, podendo causar a perda de turgescência, que é o processo pelo qual uma célula, ao absorver água, se torna intumescida pelo aumento da pressão interna. Por essa razão, alguns vegetais e frutas só podem ser congelados para aplicação posterior na forma de cozido, suco ou pasta.

Se o congelamento ocorrer em velocidade média ou lenta, o gelo preencherá o espaço intercelular dos tecidos vegetais, provocando o deslocamento de componentes celulares e o aumento das reações químicas e enzimáticas. Isso pode levar ao colapso das células no descongelamento, ou seja, o líquido ficará separado da parte sólida.

Se o congelamento ocorrer rapidamente, o movimento da água será menor, formando cristais de gelo de menor tamanho, que serão distribuídos de modo mais uniforme.

CONGELAMENTO DE HORTALIÇAS

Observando essas características do processo, quase todos os vegetais podem ser congelados com bons resultados no descongelamento, com exceção das folhas cruas de hortaliças e daqueles que possuem grande quantidade de amido, como as batatas. Para a maioria dos vegetais, o congelamento trará melhores resultados se for aplicado um pré-tratamento térmico chamado branqueamento.

O branqueamento consiste na aplicação rápida de calor, com posterior resfriamento rápido, causando um choque térmico no alimento. O vegetal deve ser colocado em imersão em água fervente por alguns minutos e imediatamente mergulhado em água gelada, para que ocorra o resfriamento rápido. Esse choque térmico conserva as características originais do vegetal, como sabor e cor, preserva a textura inicial, retarda a ação das enzimas e o desenvolvimento de alguns microrganismos responsáveis pela deterioração do produto, além de estabilizar vitaminas. A figura 4.1, a seguir, demonstra o processo de branqueamento de vegetais.

Para a maioria das hortaliças, com exceção de folhosos, o branqueamento é a melhor técnica para garantir bons resultados na sua aplicação como ingredientes de uma preparação. Assim, podem ser congeladas e armazenadas por até doze meses sem alterações. Para que os vegetais desse tipo apresentem melhores resultados sensoriais no congelamento, deve-se observar o tempo de escaldamento, ou seja, por quantos minutos o alimento deve ficar submerso na água fervente. A tabela 4.1 traz os tempos mais adequados aos principais vegetais durante a primeira etapa do branqueamento.

Figura 4.1 | **Branqueamento de vegetais**

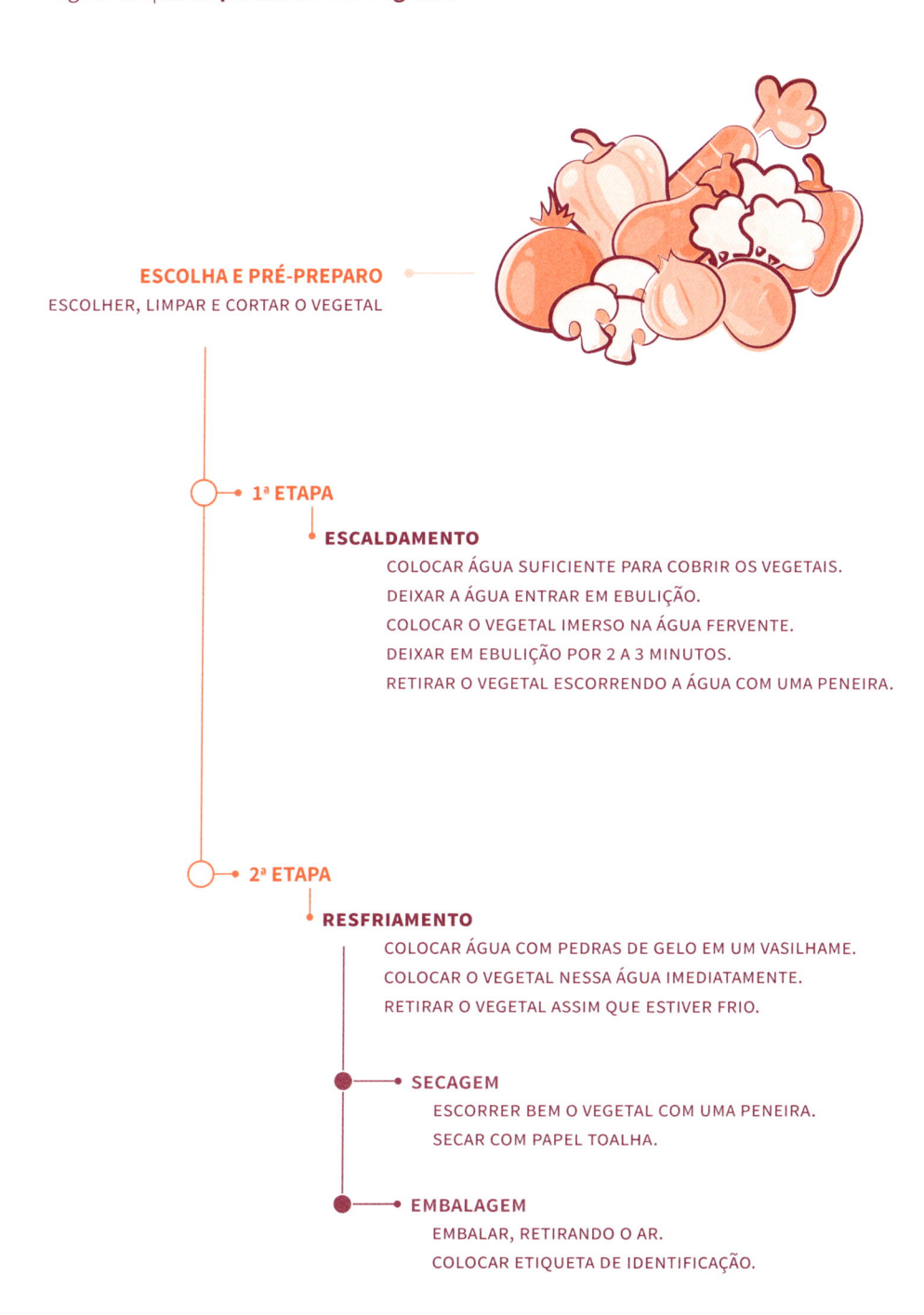

ESCOLHA E PRÉ-PREPARO
ESCOLHER, LIMPAR E CORTAR O VEGETAL

1ª ETAPA

ESCALDAMENTO
COLOCAR ÁGUA SUFICIENTE PARA COBRIR OS VEGETAIS.
DEIXAR A ÁGUA ENTRAR EM EBULIÇÃO.
COLOCAR O VEGETAL IMERSO NA ÁGUA FERVENTE.
DEIXAR EM EBULIÇÃO POR 2 A 3 MINUTOS.
RETIRAR O VEGETAL ESCORRENDO A ÁGUA COM UMA PENEIRA.

2ª ETAPA

RESFRIAMENTO
COLOCAR ÁGUA COM PEDRAS DE GELO EM UM VASILHAME.
COLOCAR O VEGETAL NESSA ÁGUA IMEDIATAMENTE.
RETIRAR O VEGETAL ASSIM QUE ESTIVER FRIO.

SECAGEM
ESCORRER BEM O VEGETAL COM UMA PENEIRA.
SECAR COM PAPEL TOALHA.

EMBALAGEM
EMBALAR, RETIRANDO O AR.
COLOCAR ETIQUETA DE IDENTIFICAÇÃO.

Tabela 4.1 | **Tempo para escaldar vegetais no branqueamento**

ALIMENTO	TEMPO (minutos)
Abóbora em pedaços	3
Abobrinha em pedaços	2
Beterraba inteira	8
Brócolis	4
Cenoura em rodelas	2
Cenoura inteira	5
Couve-flor	3
Ervilha fresca em grãos	2
Espinafre (necessário escorrer bem)	2
Mandioca sem casca e cortada	8
Mandioquinha	5
Pimentão	2
Quiabo inteiro	3
Vagem	3

Algumas hortaliças podem ser congeladas cruas, sem branqueamento, pois sua aplicação em geral não depende da manutenção da estrutura, já que costumam ser usadas como temperos ou complementos de preparações. Outros vegetais, por possuírem uma estrutura mais densa, com menor teor de água e mais celulose, também se comportam bem no congelamento sem necessidade de branquear. Alguns exemplos são:

* **Alho:** descascar, triturar e congelar em aberto (ver na p. 133) por uma hora e depois colocar em saquinhos ou recipientes plásticos.

* **Cebola:** congelar em aberto (ver na p. 133) picada, triturada ou cortada em rodelas. Colocar em um vidro ou em um recipiente de polietileno após o congelamento.

* **Salsinha e outros temperos verdes:** higienizar, secar com papel absorvente, picar ou manter as folhas inteiras e congelar em recipientes de polietileno.

* **Tomate:** bater para fazer suco e colocar em fôrmas de gelo para congelar (dois cubos de suco de tomate equivalem a um tomate natural).

* **Cogumelos:** deixar de molho em uma solução de água com limão durante dez minutos, secar e congelar, tirando o ar.

* **Mandioca:** pode ser congelada crua, descascada, lavada e bem seca. Também pode ser cozida bem firme, com ou sem sal.

* **Pimentão:** pode ser congelado cru, inteiro ou picado, sem as sementes.

* **Pinhão:** pode ser congelado cru ou cozido, com ou sem casca.

* **Sementes oleaginosas, nozes e castanhas:** podem ser congeladas cruas ou cozidas, com ou sem casca.

O congelamento de batatas não oferece bons resultados, pois esse alimento contém grande quantidade de amido, que, ao ser submetido a calor úmido, forma uma solução coloidal gelatinizada que não suporta a formação de cristais de gelo. Ao descongelar a batata, acontece o colapso da estrutura gelatinizada, em que se perde a água do alimento para o exterior. As batatas podem ser utilizadas amassadas e como ingredientes de uma receita, pois assim não existirão estruturas coloidais que poderão ser prejudicadas. As batatas pré-fritas também podem ser congeladas, pois a cocção prévia em calor seco (gordura) gelatiniza o amido previamente, reduz o teor de umidade e garante um bom resultado na fritura final.

CONGELAMENTO DE FRUTAS

Conforme já apresentado, chamamos de frutas os frutos de diversas espécies vegetais que possuem polpa suculenta, aroma próprio, sabor doce e agradável, ricos em sucos e em açúcares solúveis. A composição da maioria das frutas não permite bons resultados no congelamento, pois o teor de água é muito alto e a estrutura de suas células vegetais é mais frágil que a dos legumes. Assim, é possível congelar frutas desde que sua aplicação posterior não exija estrutura firme e suculenta, ou seja, o melhor é congelar em pedaços ou já na forma de suco ou polpa, para aplicar posteriormente na confecção de sucos, geleias, doces ou compotas.

Para congelamento ao natural, com a fruta inteira, só são obtidos bons resultados com as frutas pequenas e vermelhas, como framboesa, amora, mirtilo e morango. Essas frutas podem ser congeladas em aberto para depois serem embaladas, sem ar. Nas demais, é possível acrescentar açúcar ou calda de açúcar para melhorar a textura no descongelamento, desde que a aplicação posterior o permita. Estas são algumas técnicas de congelamento para frutas *in natura*:

* **Abacate:** pode ser congelado batido ou amassado, sem açúcar, com limão.
* **Abacaxi:** congela bem sem o caroço central, em fatias, ao natural, com açúcar ou com calda.
* **Amoras:** congelar inteiras, ao natural ou com açúcar.
* **Coco:** em pedaços ou ralado, ao natural ou com açúcar.
* **Damasco:** congelar fresco, em pedaços, com açúcar ou com calda.
* **Figos:** congelar descascados, em pedaços ou inteiros, ao natural ou com calda.
* **Jabuticabas:** podem ser congeladas inteiras, sem lavar, ao natural.
* **Jaca:** separar os bagos e congelar ao natural.
* **Laranjas e limões:** descascar, cortar em gomos, tirar as peles e sementes e congelar ao natural.
* **Maçã:** cortar em pedaços e ferver por três minutos em água com suco de limão, secar e congelar com calda.
* **Manga:** pode ser congelada cortada em fatias, com açúcar ou calda.

* **Melão:** congelar em fatias, ao natural.

* **Morango:** congelar inteiros, ao natural, com açúcar ou calda.

* **Frutas cristalizadas e frutas na forma de passas:** apenas embalar e congelar.

* **Frutas oleaginosas:** podem ser congeladas com a própria casca, ou sem as cascas e embaladas.

4.3.1.2 CONGELAMENTO DE INGREDIENTES DE ORIGEM ANIMAL

Será tratado agora o congelamento de alimentos *in natura* de origem animal, ou seja, quando essa técnica é aplicada em carnes bovinas, ovinas, suínas, de aves e pescados, e em ovos e leite para posterior utilização em alguma preparação. Nenhum ingrediente adquirido já congelado poderá ser recongelado, pois haverá perdas de valor nutritivo e de características sensoriais. O alimento congelado cru somente poderá ser recongelado após sua aplicação em uma preparação.

Considerando isso, vale destacar que as carnes bovina e ovina *in natura* tendem a encolher no processo de congelamento, enquanto, nas de aves, esse problema ocorre com menor intensidade. Já as proteínas dos pescados são mais propensas a danos causados pela formação de cristais de gelo, pois sua desnaturação se dá mais facilmente que em outras carnes. Além disso, as perdas de líquidos no descongelamento são maiores em pescados, provocando uma pequena redução em sua suculência e maciez, com endurecimento e desidratação durante a cocção.

A seguir, são apresentadas as técnicas mais adequadas para o congelamento de alimentos *in natura* de origem animal:

* **Carnes bovinas, ovinas e suínas:** é preciso limpar, tirar ossos e gordura excedente, se necessário fazer os cortes, e embalar hermeticamente. Para carne moída, deve-se embalá-la fazendo pequenos discos, para facilitar sua aplicação ainda congelada. As carnes magras requerem um período mais longo de conservação, pois a gordura tem tendência a rancificar rapidamente e a provocar a deterioração da carne.

* **Carnes de aves:** é necessário limpar e tirar a gordura excedente, porcionar e embalar hermeticamente. Podem ser temperadas antes de congelar, o que garante melhores resultados sensoriais em sua aplicação posterior. Aves congeladas por um período longo podem apresentar escurecimento nos ossos e queimaduras na pele, sem que isso altere, porém, a qualidade do alimento.

* **Peixes:** só é seguro congelá-los se forem absolutamente frescos, limpos, bem lavados, sem escamas e sem vísceras. A cabeça pode ser conservada desde que esteja bem limpa por dentro. Podem ser congelados inteiros, em postas ou filés. O ar deve ser retirado e a embalagem deve ser dupla, bem como hermética.

* **Camarões:** podem ser congelados crus, com ou sem casca, bem frescos e limpos. Devem ser embalados sem ar e hermeticamente.

* **Caranguejos e siris:** recomenda-se mergulhar os crustáceos ainda vivos em água fervendo, limpar, retirar as carcaças e os intestinos e lavar bem. Para melhores resultados, deve-se parti-los ao meio e cozinhar durante quinze minutos em água e sal. Embalar hermeticamente, sem ar.

* **Lagostas:** precisam ser colocadas em água fervendo para cozinhar durante vinte minutos (para lagostins, só dez minutos). Depois de frias, retirar a carne e arrumá-las em um recipiente rígido, cobertas com salmoura gelada. Só se devem congelar lagostas adquiridas ainda vivas e com a carcaça separada da carne. Embalar hermeticamente.

* **Polvos e lulas:** é necessário limpar bem, retirar a pele e cortar em pedaços os tentáculos e o corpo. As lulas podem ser congeladas limpas, com o corpo inteiro. Para melhor resultado sensorial, fazer um branqueamento de dois minutos e resfriar em água gelada. O congelamento deve ser feito em embalagem rígida ou em dupla embalagem.

* **Ostras:** só podem ser congeladas no mesmo dia em que foram retiradas da água. Lavar bem, esfregando as conchas, e embalar hermeticamente.

> **DICA!**
>
> O descongelamento de peixes, crustáceos e moluscos deve ser feito na geladeira, no forno de micro-ondas ou diretamente no fogo ou forno brando até descongelar, e, depois, em fogo médio para cozinhar. Se for usar peixe em saladas ou pratos frios, descongele-o totalmente antes de aplicá-lo.

* **Mariscos:** devem ser bem limpos. Colocá-los em um recipiente com água salgada e deixar descansar de vinte a trinta minutos. Retirar as conchas quebradas, com furos ou as que não se abrirem. Podem ser congelados com ou sem as conchas, em embalagem sem ar.

* **Ovos:** não podem ser congelados inteiros, na casca, pois arrebentam, em razão da expansão produzida pelo congelamento. Para congelar ovos inteiros, é necessário abri-los e batê-los ligeiramente para misturar bem as claras com as gemas. Entretanto, o congelamento separado de claras e gemas dá ótimos resultados. Para as gemas, convém adicionar uma pitada de sal ou de açúcar, conforme o uso posterior. Nas claras, não é necessário acrescentar nada; ao serem descongeladas, elas incorporam ar muito bem, produzindo ponto de neve pela batedura. Para o congelamento de ovos inteiros batidos, claras ou gemas separadamente, utilizar recipientes rígidos ou formas de gelo e não esquecer de anotar a quantidade em cada recipiente, para facilitar a aplicação em receitas que trazem as medidas de ovos em unidades. O descongelamento deve ser feito sempre em geladeira.

* **Leite e derivados:** apresentam bons resultados com o congelamento. No entanto, cabe lembrar que esses produtos industrializados possuem um prazo de validade determinado pela empresa fabricante; ao congelá-los, esse prazo será ultrapassado, portanto, não haverá mais garantia pela indústria. Com base apenas na experiência com congelamento, pode-se sugerir um período seguro de três meses para armazenar esses produtos congelados, do ponto

de vista sensorial. Isso pode ser aplicado a leite comercial, creme de leite fresco, manteiga e queijos.

É preciso ressaltar que o congelamento doméstico de alimentos, sem os recursos da indústria alimentícia, resulta em produtos mais instáveis do que os industrializados, o que possibilita um tempo de armazenamento menor.

4.3.2 TÉCNICAS DE CONGELAMENTO DE PREPARAÇÕES

O congelamento é um dos melhores processos conhecidos para conservar os nutrientes e as características sensoriais de preparações alimentícias, desde que sejam aplicadas as técnicas corretas no processo, observando-se algumas regras:

* congele apenas alimentos *in natura* ou processados de boa qualidade, pois o processo não corrigirá alterações que os alimentos já tenham sofrido;
* enquanto estiver aplicando o processo de congelamento, mantenha os ingredientes que não estão sendo utilizados sob refrigeração;
* mantenha a higiene de mãos, utensílios, superfícies de manipulação, utensílios e equipamentos;
* para as preparações que serão congeladas, deve-se cozinhá-las por menos tempo e colocar menor quantidade de temperos, pois o congelamento amacia as estruturas e acentua os temperos aplicados;
* embale as preparações em porções do tamanho em que serão consumidas, pois não é possível recongelar um produto que já foi congelado e descongelado;
* para serem congelados, os alimentos e as preparações devem estar completamente frios, pois, se houver formação de vapor, serão formados cristais grandes de gelo e a superfície ficará com uma camada indesejável de gelo;
* o resfriamento das preparações deve ser rápido, para que cesse o processo de cozimento e os valores nutritivos sejam preservados,

além de possibilitar a formação de cristais menores de gelo durante o congelamento;

* nenhum alimento que já tenha sido descongelado poderá ser congelado novamente, pois haverá perdas de valor nutritivo e de características sensoriais. Apenas o ingrediente que tenha sido congelado cru poderá ser utilizado em uma preparação que será congelada;

* devem ser colocados no congelador somente alimentos já frios, bem distribuídos no equipamento e acomodados o máximo possível em contato direto com as placas frias;

* é preferível empilhar apenas as preparações que já estiverem congeladas, assim como é necessário manter um controle do que está armazenado para utilizar primeiro os produtos mais antigos;

* para manter as características sensoriais, o ideal é transportar alimentos ou preparações congeladas somente após 48 horas de armazenamento no freezer;

* o congelamento em aberto é uma técnica que permite retirar unidades ou porções de alimentos sem descongelar todo o produto. Nessa técnica, o alimento é colocado espalhado, sem empilhar, em um recipiente plano, coberto com filme aderente ou papel-alumínio e deixado no congelador até endurecer. Depois de retirar os alimentos já duros, eles poderão ser embalados em um saco plástico ou em outro recipiente lacrado. Dessa forma, é possível retirar porções individuais de bifes, hambúrgueres, salgadinhos, docinhos e outras preparações de consumo individual, sem necessidade de descongelar tudo.

Várias preparações podem ser congeladas, sejam elas compradas prontas ou preparadas culinariamente, desde que se observem as regras aqui descritas e outras específicas para alguns ingredientes, conforme descrito no capítulo 3, "Gastronomia aplicada". O objetivo principal de congelar esses produtos é a praticidade proporcionada, sem que haja grandes alterações sensoriais ao serem descongelados. A tabela 4.2 mostra exemplos de preparações e sugestões de prazos de armazenamento, observando que, se forem adquiridas industrializadas, perderão o prazo de validade original.

Tabela 4.2 | **Congelamento de preparações prontas**

PREPARAÇÃO	TÉCNICAS	TEMPO DE ARMAZENAMENTO
Pães	Oferecem bom resultado. Devem ser descongelados em temperatura ambiente ou direto no forno convencional.	Assado: três meses Massa crescida: duas semanas
Sanduíches	Podem ser congelados com recheios de patês variados, queijos, carne assada e outros, desde que não tenham folhas ou vegetais crus.	Um mês
Pizzas	Podem ser congeladas prontas, cruas ou previamente assadas, ou apenas com a massa já assada, e descongeladas no forno convencional.	Prontas: um mês Massa assada: três meses
Tortas	Podem ser congeladas cruas ou já prontas, com recheios doces ou salgados. Apenas aquelas que contêm creme gelatinizado de amido ou frutas *in natura* não dão bons resultados no descongelamento.	Três meses
Bolos	Todos os tipos de bolos dão bons resultados, inclusive aqueles que contêm frutas secas ou cristalizadas, pois seu sabor se intensifica. Também congelam bem os recheios e coberturas à base de geleias, leite condensado, manteiga ou chantili.	Seis meses
Macarrão	Podem ser congeladas massas cruas, secas ou frescas, recheadas ou não. Para as massas servidas com molho, o ideal é congelar o molho à parte.	Três meses

4.3.3 TÉCNICAS DE CONGELAMENTO DE PRATOS PRONTOS

As técnicas de congelamento são bastante utilizadas pelos pequenos empreendedores que produzem pratos prontos, como as conhecidas marmitas ou outras preparações prontas para o consumo, como sopas, salgadinhos, tortas, bolos, pães, massas, pratos principais (proteicos) e guarnições. Para fazer essas produções culinárias e comercializá-las congeladas, é necessário seguir algumas normas, além das já expostas, para assegurar sua qualidade sensorial e respeitar sua garantia sanitária. Já foram vistas as principais recomendações para congelar ingredientes e preparações culinárias, as quais devem continuar sendo observadas, mas serão descritas a seguir condutas adicionais para o congelamento de pratos prontos.

1. Use ingredientes de boa qualidade no preparo, pois o congelamento não melhora as características iniciais. O congelamento deve ser feito logo após a compra dos produtos, que devem estar preferencialmente no período de safra, para garantir melhores aspectos sensoriais, bons preços e condições de durabilidade. No caso de ingredientes industrializados, prefira marcas confiáveis e use produtos dentro do prazo de validade.

2. Planeje o momento do preparo e separe utensílios e ingredientes (mise en place) para manter a organização e evitar desperdício de tempo.

3. Inicie o pré-preparo, deixando os ingredientes que requerem uma etapa prévia já prontos, e antecipando a forma como entrarão na receita (por exemplo, peneirados, picados, cortados, batidos).

4. Ao cozinhar os alimentos, deixe menos tempo do que o de costume, cerca de três quartos do tempo necessário para o consumo normal, pois o congelamento amaciará as estruturas e a cocção será finalizada no descongelamento com aplicação de calor, ideal para essas preparações.

5. Use menos temperos do que o habitual, inclusive o sal, já que o processo de congelamento acentua os sabores.

6. Resfrie completamente a preparação, colocando-a, ainda no utensílio onde foi cozida ou já porcionada, em um recipiente com água e gelo. O resfriamento deve ser o mais rápido possível, para que se formem pequenos cristais de gelo que não prejudiquem a textura do alimento no descongelamento. O resfriamento rápido garante, ainda, a preservação dos nutrientes e evita a contaminação da preparação por microrganismos ambientais. Existem equipamentos no mercado para resfriar rapidamente as preparações, mas o investimento costuma ser muito alto para o pequeno empreendedor.

7. Para serem congeladas com melhores resultados, as preparações devem estar completamente frias, já que, se houver formação de vapor na superfície, serão produzidos cristais grandes de gelo que prejudicarão as características sensoriais do prato.

8. Ao embalar as preparações, tente retirar o máximo de ar possível, pois o ar que fica em contato com o alimento durante o congelamento pode formar uma camada de gelo que prejudica sua aparência e textura. Os espaços vazios da preparação já embalada podem ser preenchidos com filme plástico transparente flexível (PVC), pois ele adere bem ao alimento e solta com facilidade quando retirado. Remova o filme antes de aquecer.

9. Preparações líquidas e semilíquidas, como sopas e feijão, necessitam de espaço de expansão quando são colocados em recipientes rígidos para congelar. Deve haver pelo menos 10% de espaço livre na embalagem, pois os líquidos expandem durante o congelamento e podem estourá-la. Também nesses casos é possível colocar uma película de filme transparente flexível na superfície do produto para evitar a formação de uma camada de gelo indesejável.

10. Após colocar o produto na embalagem, identifique-o com uma etiqueta, incluindo os dados exigidos pela legislação para a rotulagem, os quais serão tratados no capítulo 5, "Embalagem e rotulagem de alimentos". Se a embalagem não for a definitiva para

a venda, identificar com o nome do produto, a data do congelamento e o prazo de validade.

11. O prazo de validade para pratos prontos congelados é de três meses, já que, embora um prazo maior não altere sua sanidade, pode haver perda de características sensoriais importantes.

12. Os pratos prontos devem ser descongelados diretamente no forno convencional, de micro-ondas ou no fogão, para garantir a manutenção das características sensoriais do produto, aproximando-se do resultado de uma preparação feita na hora. O descongelamento no refrigerador não funciona bem para a maioria das preparações, pois causa colapso nas estruturas, deixando vazar os líquidos da preparação.

Como já foi visto, alguns alimentos e preparações são considerados inapropriados para o congelamento em razão das suas propriedades físico-químicas, que comprometem suas características sensoriais no processo de descongelamento.

Por exemplo, preparações gelatinizadas com amido ou outro espessante têm uma estrutura frágil, facilmente destruída pela formação de cristais de gelo, o que resulta na perda de água durante o processo de descongelamento, com a separação da parte sólida, que terá aspecto de esponja ou palha.

Para contornar esse problema, pode-se acrescentar uma quantidade maior de gordura nessas preparações, pois a mistura ficará mais viscosa e poderá impedir que os cristais de gelo quebrem as estruturas físicas do prato. Um exemplo é o acréscimo de creme de leite aos cremes salgados, tais como creme de milho ou de espinafre.

Isso também ocorre em outras soluções coloidais, como os géis formados pela coagulação de algumas proteínas, como a gelatina, que apresentam a mesma fragilidade estrutural e sofrem processo similar de perda de líquidos durante o descongelamento. No caso de preparações com gelatina, podem ser acrescentadas claras batidas em neve ou leite condensado, por exemplo.

Outras preparações culinárias que não apresentam bons resultados no congelamento são os molhos emulsionados, como a maionese, pois também são soluções coloidais, de líquidos com gorduras, frágeis em sua estrutura.

Resumindo, é preciso considerar que certas preparações culinárias dificilmente apresentarão bons resultados no descongelamento em razão de suas características físico-químicas, sendo que algumas podem ser contornadas e outras, não. Deve-se ter atenção, portanto, com maionese e outros molhos emulsionados, gelatinas puras, batatas cozidas, ovos na casca, claras cozidas ou em neve, manjares, cremes e pudins cremosos, hortaliças folhosas e legumes crus. Entretanto, o emprego desses alimentos em preparações culinárias, quando combinados com outros ingredientes, pode resultar em produtos com poucas alterações durante o congelamento. Já foi mencionado um conjunto de técnicas que podem ser utilizadas para melhorar essas estruturas e permitir o congelamento e o descongelamento adequados.

4.3.4 TÉCNICAS DE DESCONGELAMENTO

Nos tópicos anteriores, foram abordadas algumas técnicas voltadas ao descongelamento de ingredientes e preparações culinárias, cujo objetivo é conservar as características sensoriais dos produtos e seus valores nutritivos, mantendo sua qualidade inicial. Existem, ainda, os cuidados com a possibilidade de desenvolvimento e de crescimento de microrganismos durante o período de descongelamento, o que deverá ser impedido ou controlado por meio de um processo apropriado para cada alimento. O quadro 4.2 resume as formas mais adequadas de descongelamento para os diversos tipos de ingredientes ou de preparações culinárias prontas.

Quadro 4.2 | **Descongelamento de produtos alimentícios**

Tipo de produto	Formas de descongelamento
Vegetais crus	Direto na aplicação culinária.
Frutas cruas	Em temperatura ambiente, na geladeira ou direto na preparação culinária, dependendo da fruta e do resultado esperado.
Carnes bovinas, ovinas, suínas ou caprinas cruas	Peças grandes na geladeira, cortes pequenos (moída, picada) direto na aplicação culinária.
Aves cruas	Na geladeira, protegidas pela embalagem.
Pescados (peixes, crustáceos e moluscos) crus	Na geladeira, no forno de micro-ondas ou diretamente no fogo ou forno brando até descongelar, e depois em fogo médio para cozinhar, dependendo do tamanho e do tipo. Para aplicar em saladas ou pratos frios, descongelar totalmente antes.
Ovos (gema e clara separadas) crus	Na geladeira, protegidos pela embalagem de congelamento.
Leite e derivados	Na geladeira, protegidos pela embalagem.
Pães assados	Em temperatura ambiente ou direto no forno convencional.
Pizzas prontas	Direto no forno convencional.
Massas levedadas cruas (pães, pizzas)	Em geladeira, protegidas com filme flexível, devem estar completamente descongeladas para a finalização do preparo.
Massas para macarrão sem o molho	Direto na água fervente ou no forno de micro-ondas.
Massas para macarrão com molho	Direto no forno convencional ou de micro-ondas.
Bolos sem recheio	Em temperatura ambiente, protegidos do ambiente com filme flexível ou papel-alumínio.
Bolos recheados ou com cobertura	Na geladeira, protegidos com filme flexível ou papel-alumínio.
Tortas	Direto no forno convencional ou de micro-ondas. Se a massa e o recheio estiverem crus, é necessário um tempo de descongelamento com proteção de papel-alumínio, no forno convencional, para depois finalizar sem a cobertura.
Pratos prontos	Direto no forno convencional, de micro-ondas ou no fogão. Para preparações líquidas, pode ser acrescentada água no descongelamento em fogão.

4.4 EMBALAGENS PARA PREPARAÇÕES CONGELADAS

O papel da embalagem é proteger o alimento, preservando a tecnologia de conservação aplicada. Por isso, as embalagens adequadas para ingredientes ou preparações culinárias congeladas devem impedir que o ar frio e seco entre em contato direto com os alimentos, evitando que a preparação perca seus aspectos sensoriais. Devem, portanto, ser impermeáveis à umidade e à gordura, resistentes à perda de aromas, firmes o bastante para não rasgar facilmente, aderentes ao alimento fresco e capazes de soltar com facilidade do alimento congelado.

O mercado de embalagens de alimentos oferece muitas opções com essas características, bastando adequá-las ao produto que se pretende congelar. São ofertados nesse mercado filmes plásticos (polietileno) flexíveis, esticáveis e encolhíveis, sacos plásticos resistentes próprios para entrar em contato com alimentos, fôrmas e bandejas de polipropileno totalmente atóxicas em vários formatos, com ou sem tampa, além de papel e embalagens de alumínio apropriadas para congelamento e aquecimento.

Para congelar alimentos sólidos em pedaços, como vegetais, podem ser utilizados sacos de polietileno incolores mais resistentes, de policloreto de vinila (PVC), atóxicos, novos e isentos de resíduos. Nesse caso, deve-se retirar o ar com uma minibomba de sucção, fechando bem, ou utilizar uma seladora a vácuo.

Para alimentos sólidos em peças maiores, como carnes e aves, é mais apropriado usar filmes flexíveis de PVC, embrulhando bem para que fique bem aderido, sem deixar ar em contato com o alimento.

No congelamento de pratos prontos, com preparações isoladas ou compondo uma refeição (marmita), existem no mercado recipientes de polipropileno com tampas, com ou sem divisórias internas, em que é possível retirar o ar pressionando-se o centro da tampa, para evitar a formação de cristais de gelo na superfície do prato. Esses recipientes, também chamados bandejas, não passam odor ou gosto ao alimento, além de apresentarem alta flexibilidade e baixa deformação no uso. Têm alta resistência à gordura, mas a única desvantagem é que só podem ser aquecidos no forno de micro-ondas.

Ainda nessa linha para pratos prontos, encontram-se bandejas e fôrmas de alumínio, com ou sem divisórias e tampas. Algumas marcas já oferecem, inclusive, a possibilidade de aquecimento, além do forno convencional, no de micro-ondas.

Outra alternativa para pratos prontos é o uso de bandejas de papel termoformado, que permitem o aquecimento em fornos convencionais ou de micro-ondas. Normalmente, não possuem tampa acoplada, mas são fechadas com tampas seladas em um equipamento próprio, fornecido pelos fabricantes dessas embalagens. Embora tenham um custo mais elevado do que as opções anteriores, esses equipamentos possibilitam que as informações do rótulo do produto sejam personalizadas na tampa.

Para ingredientes ou preparações líquidas, podem ser utilizados potes de vidro ou de plástico apropriado para contato com alimentos. Os potes de vidro devem ser esterilizados em água quente e bem secos. Como já mencionado, ao preencher potes rígidos com líquidos para congelar, deve-se deixar um espaço de aproximadamente 10% do volume para a expansão do líquido. Fôrmas de gelo também podem ser usadas para dar forma a líquidos, que podem ser desenformados após o congelamento e embalados em sacos plásticos, sem ar e vedados.

SAIBA MAIS!

A Agência Nacional de Vigilância Sanitária (Anvisa), do Ministério da Saúde (MS) (2020a), é responsável pela regulamentação de materiais de embalagem que podem entrar em contato com alimentos, avaliando sua segurança e os riscos que podem oferecer à saúde do consumidor. A legislação sobre esse tema está disponível na *Biblioteca de alimentos*, no link: https://www.gov.br/anvisa/pt-br/assuntos/regulamentacao/legislacao/bibliotecas-tematicas/arquivos/biblioteca-de-alimentos.

5

EMBALAGEM E ROTULAGEM DE ALIMENTOS

Para o empreendedor que pretende comercializar alimentos prontos embalados para o consumo, a legislação exige que esses produtos sejam rotulados e estabelece os requisitos que devem ser obedecidos. Por isso, é importante saber identificar e interpretar as informações colocadas nos rótulos dos alimentos embalados, bem como conhecer as normas que regem a rotulagem de tais produtos.

Serão abordados neste capítulo os conceitos de embalagem e rótulo, as normas para rotulagem geral de alimentos embalados e as regras e legislações para elaboração da rotulagem nutricional, visando fornecer aos consumidores informações fidedignas que lhes permitam fazer escolhas conscientes no momento da compra.

5.1 CONCEITOS DE EMBALAGEM

A função primordial da embalagem é proteger o alimento, garantindo que a tecnologia aplicada para sua conservação seja preservada, além de proporcionar uma barreira física às ações do ambiente e proteger o alimento embalado durante o transporte e o armazenamento. A embalagem apropriada funciona, ainda, como um obstáculo para a perda de substâncias voláteis e nutritivas do alimento.

Ela também exerce um papel mercadológico ao agregar valor ao produto por meio de atributos de conveniência, economia e praticidade. A embalagem é igualmente uma importante ferramenta de marketing, pois pode criar reações positivas de identificação do produto junto ao consumidor, seduzindo-o a adquirir uma mercadoria simplesmente por sua apresentação.

Outra função desejada para as embalagens é fornecer informações claras, objetivas e confiáveis sobre o produto, exercendo um papel educativo de informar e esclarecer o consumidor por meio do rótulo.

Ao definir a embalagem mais adequada para o produto, deve ser considerado, a princípio, o nível de proteção esperado, em função de características de durabilidade e da tecnologia de conservação que possa ter sido aplicada. Nesse momento, a escolha do material da embalagem é imprescindível.

A Agência Nacional de Vigilância Sanitária (Anvisa), do Ministério da Saúde (MS), normatiza quais tipos de materiais podem entrar em contato com os alimentos, já que é preciso assegurar que nenhum componente da embalagem migre para o produto embalado. Ao mesmo tempo, a escolha da embalagem deve considerar quais desses materiais oferecem barreiras a alterações que possam ser causadas por umidade, luz, ar, roedores, pragas e outras ameaças externas ao produto. Materiais como vidro, lata, papel, plástico e alumínio são muito utilizados para alimentos, existindo uma preocupação cada vez maior com questões de sustentabilidade, pois as embalagens geram resíduos sólidos com consideráveis impactos ao meio ambiente. A procura por soluções biodegradáveis ou que possam ser recicladas aumentou bastante nos últimos anos. Para que as embalagens possam, de alguma forma, contribuir positivamente para a sustentabilidade, elas devem ser fabricadas com materiais retirados de fontes ambientalmente corretas, produzidas com tecnologias limpas de produção e recuperáveis ou recicláveis após o uso do produto.

Por fim, para definir a embalagem mais adequada, é preciso considerar o conceito do produto, a capacidade, o tamanho e a forma da embalagem, a colocação do símbolo da marca do produtor, as cores e o design do rótulo.

Em resumo, é esperado de uma embalagem que ela cumpra a função de proteger, que seja prática e bonita e que traga informações seguras sobre a qualidade do produto, já que existe hoje uma maior preocupação por parte dos consumidores com o conteúdo da mensagem e os símbolos impressos no rótulo.

5.2 CONCEITOS DE RÓTULO E ROTULAGEM GERAL

A definição de rotulagem pela Anvisa, de acordo com a Resolução de Diretoria Colegiada (RDC) nº 727, de 1º de julho de 2022, é a seguinte:

> Toda inscrição, legenda ou imagem, ou toda matéria descritiva ou gráfica, escrita, impressa, estampada, gravada, gravada em relevo ou litografada ou colada sobre a embalagem do alimento. BRASIL, 2022d)

Do ponto de vista do marketing, o rótulo pode ser uma simples etiqueta afixada ao produto ou um desenho artisticamente elaborado que faz parte da embalagem. Ao mesmo tempo, porém, deve seguir a legislação vigente, pela qual são determinadas as informações obrigatórias que devem esclarecer ao consumidor os componentes e a origem do produto, sua composição e características nutricionais, permitindo o total conhecimento do que está sendo comprado.

A legislação citada estabelece que todo alimento produzido e embalado na ausência do consumidor deve ter um rótulo na embalagem que contenha as seguintes informações obrigatórias:

* **Lista de ingredientes:** informa os ingredientes que compõem o produto. A lista de ingredientes deve estar em ordem decrescente, ou seja, o primeiro ingrediente é aquele que está em maior quantidade no produto, e o último, em menor quantidade.

* **Origem:** informação que indica ao consumidor quem é o fabricante do produto e onde ele foi fabricado.

* **Prazo de validade:** os produtos devem apresentar essa informação com pelo menos o dia e o mês, quando o prazo de validade for inferior a três meses; e o mês e o ano, para produtos que tenham prazo de validade superior a três meses. Se o mês de vencimento for dezembro, basta indicar o ano, com a expressão "fim de..." (ano).

* **Conteúdo líquido:** indica a quantidade total de produto contido na embalagem. O valor deve ser expresso em unidade de massa (quilo) ou volume (litro).

* **Lote:** é um número relacionado ao controle da produção. Caso haja algum problema, o produto pode ser recolhido ou analisado a partir do lote ao qual pertence.

5.3 ROTULAGEM NUTRICIONAL DE ALIMENTOS EMBALADOS

A rotulagem nutricional dos alimentos visa informar o consumidor sobre os componentes calóricos e nutritivos presentes nos produtos embalados, para propiciar escolhas alimentares seguras, adequadas e saudáveis.

A legislação brasileira determina, por meio de diversas leis e resoluções, quais informações de caráter nutricional devem ser colocadas nos rótulos. As resoluções próprias sobre rotulagem nutricional obrigatória são emitidas pela Anvisa, mas existem leis específicas que devem ser observadas, como a declaração de presença de glúten, alimentos alergênicos e lactose nos produtos embalados.

Assim, os alimentos embalados fora da vista do consumidor e ofertados prontos para o consumo precisam conter obrigatoriamente em sua rotulagem a declaração de informação nutricional de valor energético, carboidratos, proteínas, gorduras totais, gorduras saturadas, gorduras trans, fibra alimentar e sódio. Essas informações devem ser apresentadas em porções definidas na legislação e indicar qual o percentual de valores diários que cada um dos nutrientes declarados cobre, considerando-se uma dieta de 2 mil kCal. Recentemente, a legislação acrescentou a essas declarações a obrigatoriedade de informar, também, a quantidade de açúcares adicionados, os valores nutricionais por 100 g e de destacar, por meio de ícones definidos, a presença de altos teores de sódio, gordura saturada e açúcares adicionados, a partir de determinadas quantidades presentes no produto.

O intuito deste capítulo é estabelecer um roteiro que permita elaborar a tabela nutricional do produto desenvolvido e detalhar as demais informações obrigatórias que devem constar no rótulo. A elaboração da tabela nutricional não é uma atividade exclusiva de determinado profissional, podendo ser feita com o conhecimento das regras estabelecidas em marco legal e uma tabela de composição química dos alimentos, banco de dados ou laudo de análise físico-química do produto. Ainda assim, é uma tarefa trabalhosa e mais rapidamente realizada por profissionais da área da nutrição.

> **SAIBA MAIS!**
>
> A Anvisa é responsável pela regulamentação desse e de outros temas na área de alimentos. É necessário consultar sempre a *Biblioteca de alimentos*, especificamente o item "2.1. Rotulagem de alimentos", para acompanhar as atualizações, que podem ser acessadas no link: https://www.gov.br/anvisa/pt-br/assuntos/regulamentacao/legislacao/bibliotecas-tematicas/arquivos/biblioteca-de-alimentos.

O primeiro passo é conhecer a legislação atual sobre rotulagem geral e nutricional de alimentos embalados prontos para o consumo. O quadro 5.1 traz uma relação dessas normas.

Quadro 5.1 | **Legislações para rotulagem de alimentos embalados**

RDC 27/2010	Dispõe sobre as categorias de alimentos e embalagens isentos e com obrigatoriedade de registro sanitário.
Portaria 29/1998 (revogada pela RDC 715/2022)	Aprova o Regulamento Técnico referente a Alimentos para Fins Especiais.
RDC 259/2002 (revogada pela RDC 727/2022)	Aprova o Regulamento Técnico sobre Rotulagem de Alimentos Embalados.
Lei 10.674/2003	Obriga que os produtos alimentícios comercializados informem sobre a presença de glúten, como medida preventiva e de controle da doença celíaca.
RDC 360/2003 (revogada pela RDC 429/2020)	Aprova o Regulamento Técnico sobre Rotulagem Nutricional de Alimentos Embalados, tornando obrigatória a rotulagem nutricional.
RDC 359/2003 (revogada pela IN 75/2020)	Aprova o Regulamento Técnico de Porções de Alimentos Embalados para Fins de Rotulagem Nutricional.
RDC 54/2012 (revogada pela IN 75/2020)	Dispõe sobre o Regulamento Técnico sobre Informação Nutricional Complementar.
RDC 26/2015 (revogada pela RDC 727/2022)	Dispõe sobre os requisitos para rotulagem obrigatória dos principais alimentos que causam alergias alimentares.
Lei 13.305/2016	Acrescenta o artigo 19-A ao Decreto-Lei 986/1969, que "institui normas básicas sobre alimentos", para dispor sobre a rotulagem de alimentos que contenham lactose.
RDC 136/2017 (revogada pela RDC 727/2022)	Estabelece os requisitos para declaração obrigatória da presença de lactose nos rótulos dos alimentos.
RDC 429/2020	Dispõe sobre a rotulagem nutricional dos alimentos embalados.
IN 75/2020	Estabelece os requisitos técnicos para declaração de rotulagem nutricional nos alimentos embalados.
RDC 727/2022 (revoga as RDCs 259/2002, 123/2004, 340/2002, 35/2009, 26/2015, 136/2017 e 459/2020 e a IN 67/2020; entrou em vigor em 01/09/2022)	Dispõe sobre a rotulagem nutricional dos alimentos embalados.
RDC 715/2022 (revoga as Portarias 54/1995, 29/1998 e 30/1998 e as RDCs 135/2017 e 155/2017; entrou em vigor em 09/10/2022)	Dispõe sobre os requisitos sanitários do sal hipossódico, dos alimentos para controle de peso, dos alimentos para dietas com restrição de nutrientes e dos alimentos para dietas de ingestão controlada de açúcares.

Conhecida a legislação, deve-se estabelecer um roteiro para elaborar a tabela nutricional e orientar o cumprimento das demais exigências legais para a rotulagem de alimentos embalados.

ROTEIRO PARA ELABORAÇÃO DE ROTULAGEM NUTRICIONAL

1 Registro da receita

Redija a receita do produto de forma técnica, para ter todas as informações necessárias ao cálculo nutricional. Os dados imprescindíveis são a relação de ingredientes com as quantidades em peso líquido (PL), medidas em gramas, e o rendimento do produto, indicando o número de porções obtidas e o peso de cada porção. Os dados de peso bruto (PB) dos alimentos *in natura*, bem como o fator de correção (FC) e o índice de cocção ou de conversão (IC), são utilizados para calcular o custo do produto, mas não entrarão nos cálculos nutricionais. A seguir, é sugerido um modelo de ficha de registro da receita, que depois poderá ser complementado para compor a ficha técnica do produto.

Figura 5.1 | **Ficha de registro da receita**

INGREDIENTES	MEDIDA-PADRÃO	PB (g)	PL (g)	FC

Rendimento: _____ g ou _____ porções de _____ g   IC: _____

2 Cálculo dos valores calóricos e nutricionais

Para esse cálculo, deve ser consultada uma tabela de composição química centesimal dos alimentos, um banco de dados, o laudo de análise físico-química do ingrediente ou o rótulo do ingrediente, se este for processado e adquirido embalado. Para chegar aos valores calóricos e nutricionais da quantidade utilizada na receita, a quantidade em gramas dos ingredientes deve ser comparada aos dados obtidos nas tabelas por meio de uma operação matemática (regra de três). Os dados calculados nas tabelas são apresentados em 100 g do alimento; portanto, é necessário fazer essa conversão para a quantidade utilizada. Se os dados forem retirados de um laudo de análise físico-química, também estarão expressos em quantidades percentuais, por 100 g do alimento. Entretanto, se forem consultados rótulos de ingredientes industrializados, é preciso observar o peso da porção aí indicada para fazer a conversão matemática. A seguir, é sugerido um modelo de ferramenta para registrar esses cálculos.

SAIBA MAIS!

As tabelas de composição centesimal de alimentos mais utilizadas são:

→ **Tabela Brasileira de Composição de Alimentos (Taco),** disponível no link: http://www.nepa.unicamp.br/taco/contar/taco_4_edicao_ampliada_e_revisada.pdf?arquivo=taco_4_versao_ampliada_e_revisada.pdf.

→ **Tabela de Composição Química dos Alimentos (TABNUT),** disponível no link: https://tabnut.dis.epm.br/.

Figura 5.2 | **Cálculo dos valores calóricos e nutricionais**

INGREDIENTES	QUANTIDADE (g)	ENERGIA VCT (kCal)	CARBOIDRATO (g)	AÇÚCAR TOTAL (g)	AÇÚCAR ADICIONADO (g)	PROTEÍNA (g)	GORDURA TOTAL (g)	GORDURA SATURADA (g)	GORDURA TRANS (g)	FIBRA (g)	SÓDIO (mg)
TOTAL											
POR PORÇÃO											
POR 100 g											
%VD											

VALORES NUTRICIONAIS

3. Determinação da porção segundo a legislação

Na tabela nutricional do produto, os valores devem ser informados ao consumidor em porções, em medidas caseiras e peso ou volume, conforme definido na legislação. Assim, é preciso consultar a legislação atual (IN 75/2020) para obter o dado sobre o seu produto. Com base nessa informação, calcule o número de porções que o seu produto rende e divida os valores totais calculados na tabela da figura 5.2 pelo número de porções obtidas. Esses dados vão compor a tabela nutricional do produto. É necessário calcular, também, os valores calóricos e nutricionais por 100 g do produto, como determina a Resolução de Diretoria Colegiada nº 429, de 8 de outubro de 2020.

4. Cálculo da porcentagem do valor diário (%VD)

Após estabelecer os valores calóricos e nutricionais da porção, deverá ser calculada a porcentagem do valor diário de referência (%VD) de cada item, de acordo com a tabela de valores diários recomendados para 2.000 kCal, indicada na Instrução Normativa nº 75, de 8 de outubro de 2020.

DICA!

Use a tabela sugerida na figura 5.2 para registrar os dados de valores calóricos e nutricionais obtidos por porção, bem como as informações de %VD, para concentrar as informações e facilitar a construção da tabela nutricional.

5. Elaboração da tabela de informação nutricional

Com os dados obtidos e registrados no modelo da figura 5.2, já é possível escolher entre os modelos de tabela indicados na legislação (IN 75/2020) e construir a tabela do produto. O modelo mais utilizado é o modelo vertical, cujo exemplo é demonstrado na figura 5.3.

Figura 5.3 | **Modelo de tabela de informação nutricional**

INFORMAÇÃO NUTRICIONAL			
PORÇÕES POR EMBALAGEM: 000 PORÇÕES			
PORÇÃO: 000 g (MEDIDA CASEIRA)			
	100 g	000 g	%VD*
VALOR ENERGÉTICO (kCAL)			
CARBOIDRATOS TOTAIS (g)			
AÇÚCARES TOTAIS (g)			
AÇÚCARES ADICIONADOS (g)			
PROTEÍNAS (g)			
GORDURAS TOTAIS (g)			
GORDURAS SATURADAS (g)			
GORDURA TRANS			
FIBRA ALIMENTAR (g)			
SÓDIO (mg)			

* Percentual de valores diários fornecidos pela porção.

Fonte: IN 75/2020.

> **ATENÇÃO!**
>
> Para transferir os valores calculados para a tabela de informação nutricional, é preciso consultar os arredondamentos dos valores obtidos, ou seja, verificar se podem ser expressos em números inteiros ou com cifras decimais.
>
> Também é necessário averiguar quando a informação nutricional poderá ser expressa como "zero" ou "0" ou "não contém" para valor energético ou nutrientes, caso o produto contenha quantidades menores ou iguais às estabelecidas como não significativas na legislação.

6 Informações nutricionais complementares

As informações nutricionais complementares, também conhecidas como chamadas nutricionais ou *claims*, estão regulamentadas pela legislação de rotulagem. Assim, é permitido utilizar expressões como *zero*, *baixo teor*, *fonte de*, *não contém*, *light*, *sem adição de*, entre outras. Para usar alguma dessas chamadas, é necessário, porém, atender aos parâmetros determinados atualmente pela Instrução Normativa nº 75, de 8 de outubro de 2020.

Para colocar no rótulo alguma informação nutricional complementar, deverão ser consultados a legislação em vigor no momento e os termos permitidos associados à alegação nutricional que se pretende declarar. A nova legislação permite alegações para os atributos referentes a valor energético, açúcares, lactose, gorduras totais, gorduras saturadas, gorduras trans, colesterol, sódio, sal, ácidos graxos ômega 3, ácidos graxos ômega 6, ácidos graxos ômega 9, proteínas, fibras alimentares, vitaminas e minerais.

O quadro 5.2 mostra alguns dos termos autorizados para declarar os atributos nutricionais pretendidos, sempre observando os critérios de quantidade estabelecidos pela legislação.

Quadro 5.2 | **Termos autorizados para declaração de alegações nutricionais**

Atributos nutricionais	Termos autorizados
Baixo	baixo em..., pouco..., baixo teor de..., leve em...
Muito baixo	muito baixo em...
Não contém	não contém..., livre de..., zero (0 ou 0%)..., sem..., isento de...
Sem adição de	sem adição de..., zero adição de..., sem.... adicionado
Alto conteúdo	alto conteúdo em..., rico em..., alto teor de...
Fonte	Fonte de..., com..., contém...
Reduzido	reduzido em..., menos..., menor teor de..., light em...
Aumentado	aumentado em..., mais...

Fonte: IN 75/2020.

7 Outras alterações da legislação

Além do que já foi mencionado, como a informação dos valores em 100 g e da quantidade de açúcar adicionado ao produto, a legislação que está em vigor desde outubro de 2022 traz novas exigências. A mais inovadora é a necessidade de destacar, no rótulo frontal dos produtos, o açúcar adicionado, a gordura saturada e o sódio, quando estiverem em quantidade igual ou superior ao determinado na norma. Essa exigência legal, denominada declaração da rotulagem nutricional frontal, deverá ser cumprida por meio de ícones definidos, seja para apenas um dos nutrientes, seja para os três.

Outras determinações se referem aos modelos de tabelas, agora indicando os valores calóricos e nutricionais por porção e por 100 g do produto, além de alterações nos valores diários de referência (VDR) para o cálculo da porcentagem do VD que constará na tabela. Ainda nas tabelas, será necessário informar a quantidade de açúcar adicionado e cumprir determinações de tipo, tamanho e modelo das fontes das letras utilizadas.

DICA!

A Anvisa disponibilizou os modelos que devem ser adotados para a declaração da rotulagem nutricional frontal, em vigor desde outubro de 2022, no link: https://www.gov.br/anvisa/pt-br/assuntos/alimentos/rotulagem/arquivos/anexo-xvii_fop-1.pdf.

Para os novos modelos de tabela determinados pela legislação da Anvisa, em vigor desde outubro de 2022, consulte o link: https://www.gov.br/anvisa/pt-br/assuntos/alimentos/rotulagem/arquivos/anexo-ix_modelos-de-tabelas.pdf.

8 Demais informações obrigatórias

Existem, como já foi citado, outras informações obrigatórias que devem ser apresentadas nos rótulos dos produtos embalados, de acordo com outras legislações, diferentes daquelas específicas para a rotulagem nutricional. São elas:

→ **Denominação de venda do produto:** a denominação de venda pode indicar características de qualidade, tipo de tratamento de conservação, indicadores de pureza ou mistura. É obrigatório que esteja no painel principal do rótulo, onde estarão também a marca e o logotipo, caso existam.

→ **Lista de ingredientes:** os ingredientes devem ser listados na ordem decrescente das quantidades da formulação, ou seja, aquele que estiver presente em maior quantidade será o primeiro da lista e assim por diante. Essa informação costuma aparecer próximo à tabela nutricional. Se forem utilizados aditivos alimentares na receita, estes devem ser colocados no final da lista de ingredientes, constando a função principal, o nome ou seu número (conforme o Sistema Internacional de Numeração (INS), estabelecido pelo *Codex Alimentarius*, da FAO/OMS), ou ambos.

→ **Conteúdo líquido:** indicar o peso ou volume líquido do produto na embalagem de venda, no painel principal do rótulo.

→ **Identificação da origem:** deve ser indicado o nome ou razão social do fabricante/produtor, seu endereço completo, país de origem e município, além do número de registro ou código de identificação do estabelecimento fabricante junto ao órgão competente.

→ **Lote:** a legislação determina que lote é o conjunto de produtos de um mesmo tipo, processados sob condições iguais, ao mesmo tempo. Os produtos devem apresentar na embalagem um número que identifique o seu lote, impresso de maneira clara e que não possa ser apagado. Esse número é atribuído pelo fabricante e deve garantir a rastreabilidade do produto. Sua indicação no rótulo pode ser feita por meio de um código-chave, precedido da letra *L*, ou pela data de fabricação do produto, informando dia, mês e ano dessa fabricação.

→ **Prazo de validade:** a não ser que esteja previsto em regulamento específico para um determinado tipo de produto, o prazo de validade é estabelecido pelo produtor, considerando o tempo de vida de prateleira (*shelf life*), e até quando o alimento pode ser consumido com segurança. Na indicação de prazo de validade, deve constar dia e mês para prazos menores do que três meses. Se o produto tiver validade maior do que três meses, pode-se informar apenas mês e ano. As expressões que podem ser utilizadas para indicar o prazo de validade são:

- → "consumir antes de…"
- → "consumir preferencialmente antes de…"
- → "válido até…"
- → "validade…"
- → "val.:…"
- → "vence em…"
- → "vencimento…"
- → "vto.:…"
- → "venc.:…"

Quando o produto exigir condições especiais para sua conservação, como refrigeração ou congelamento, essa informação deve ser acrescida ao prazo de validade, de forma clara e bem legível, indicando as temperaturas de conservação necessárias. Especialmente para produtos congelados, cuja durabilidade depende da temperatura do equipamento, devem ser dadas as informações de tempo de validade de acordo com a temperatura.

→ **Instruções para utilização ou consumo:** sempre que necessário, informar sobre condições especiais para melhor utilização do produto, como reconstituição, diluição, descongelamento, aquecimento, entre outras. Essas informações devem ser claras e objetivas, de modo que permitam o consumo adequado do alimento.

9. Outras informações nutricionais obrigatórias

Como pode ser observado no "Quadro 5.1 – Legislações para rotulagem de alimentos embalados", que traz as legislações referentes à rotulagem de alimentos processados e embalados na ausência do consumidor, existem informações obrigatórias relacionadas às restrições alimentares que alguns grupos populacionais apresentam. Assim, é necessário colocar no rótulo dos produtos, atendendo às especificações determinadas em cada norma, as seguintes informações:

→ **Presença ou ausência de glúten:** é obrigatório incluir uma das seguintes advertências, conforme a formulação do produto, se contiver ou não ingredientes com esse elemento, como determina a Lei nº 10.674, de 16 de maio de 2003:

- → "contém glúten";
- → "não contém glúten".

→ **Presença de alimentos alergênicos:** deve ser indicada a presença, na receita ou na formulação, de alimentos alergênicos que constam na lista do anexo da Resolução de Diretoria Colegiada nº 727, de 1º de julho de 2022. Essa advertência deve ser colocada das seguintes formas:

- → **ALÉRGICOS: CONTÉM_____**, quando o próprio alimento listado estiver na receita ou formulação.
- → **ALÉRGICOS: CONTÉM DERIVADOS DE _____**, quando a presença for de algum derivado do alimento presente na lista.
- → **ALÉRGICOS: PODE CONTER_____**, quando não puder ser evitada a contaminação cruzada decorrente do uso dos mesmos equipamentos ou utensílios.

Essa advertência, se necessária, deverá ser inserida abaixo da lista de ingredientes, com letras em caixa alta e negrito, com altura mínima de dois milímetros, nunca inferior à altura da letra utilizada na lista de ingredientes, e em cor contrastante com o fundo do rótulo.

→ **Presença de lactose:** se a formulação ou receita contiver leite, algum derivado ou produto formulado contendo lactose, essa informação deve ser adicionada, de acordo com o determinado na Lei nº 13.305, de 4 de julho de 2016, com requisitos estabelecidos na Resolução de Diretoria Colegiada nº 727, de 1º de julho de 2022. Se o produto não estiver dentro dessas condições, não há necessidade de apresentar essa informação. Nos rótulos de produtos cujo teor original de lactose tenha sido alterado, o teor de lactose remanescente deverá ser informado.

A informação "**CONTÉM LACTOSE**" deverá ser colocada abaixo da lista de ingredientes, com letras em caixa alta e negrito, com altura mínima de dois milímetros, nunca inferior à altura da letra utilizada na lista de ingredientes, e em cor contrastante com o fundo do rótulo.

Em resumo, pode-se constatar que as informações obrigatórias nos rótulos dos alimentos produzidos e embalados na ausência do consumidor são muitas e estão normatizadas em legislações específicas. O quadro 5.3 traz o resumo dessas informações, bem como a referência das normas.

DICA!

Fique atento às alterações da legislação de alimentos. Acompanhe sempre as legislações referentes à rotulagem de alimentos embalados na *Biblioteca de alimentos*, da Anvisa (BRASIL, 2020a).

Quadro 5.3 | **Informações obrigatórias na rotulagem de alimentos**

Informação obrigatória	Legislação
Denominação de venda/marca	RDC 727/2022
Conteúdo líquido	
Identificação de origem	
Lista de ingredientes	
Instruções de utilização/consumo	
Prazo de validade	
Lote	
Tabela de informação nutricional	RDC 429/2020 IN 75/2020
Informação nutricional complementar	RDC 429/2020 IN 75/2020
Presença ou ausência de glúten	Lei 10.674/2003
Presença de alergênicos	RDC 727/2022
Presença de lactose	Lei 13.305/2016 RDC 727/2022

6
BOAS PRÁTICAS NA MANIPULAÇÃO DE ALIMENTOS

Para empreender na área de alimentos, é preciso conhecer as exigências legais a fim de garantir a entrega de um produto seguro ao consumidor, sem colocar em risco sua saúde. A legislação brasileira define tais exigências na *Cartilha sobre boas práticas para serviços de alimentação*, visando atestar as condições higiênico-sanitárias de qualquer tipo de atividade que envolva alimentos, como manipulação, preparo, fracionamento, armazenamento, transporte e comércio. A lei se aplica, portanto, a cozinhas institucionais, restaurantes e ao comércio varejista de alimentos em geral.

De acordo com a legislação federal sobre o tema, "boas práticas" são:

> Procedimentos que devem ser adotados por serviços de alimentação a fim de garantir a qualidade higiênico-sanitária e a conformidade dos alimentos com a legislação sanitária. (BRASIL, 2004)

Quem vai empreender em negócios com comida está sujeito a essas normas. Vale ressaltar que a manipulação de alimentos profissionalmente é muito diferente do ato de cozinhar em casa, pois qualquer equívoco ou descuido pode causar danos à saúde do consumidor.

6.1 CONCEITOS DE ALIMENTO SEGURO E PERIGOS NOS ALIMENTOS

A aplicação de técnicas corretas na manipulação de alimentos é a melhor forma de garantir um produto seguro, que não cause risco à saúde ou à integridade física do consumidor. Para tanto, as preparações devem ser produzidas sob condições que assegurem o controle de perigos existentes nos alimentos ou que evitem possíveis contaminações durante o manuseio.

Perigos são definidos como os agentes presentes na comida, ou uma condição adversa por ela apresentada que possa causar doenças ou outro tipo de efeito danoso à saúde das pessoas. Contaminação é a transferência ao alimento de agentes biológicos, físicos ou químicos, estranhos à sua composição, que sejam nocivos à saúde ou à integridade física do consumidor.

A contaminação dos alimentos pode ser direta, quando o agente contaminante é introduzido sem vínculos de transferência, ou indireta, quando existe um vetor, como um inseto, que transfere o contágio para o alimento.

Na produção alimentícia, existem muitos veículos de contaminação, ou seja, agentes ou situações que podem transferir agentes contaminantes durante as etapas de manuseio, como os próprios manipuladores, seus uniformes e adornos, os utensílios, equipamentos e superfícies de trabalho na cozinha. O ar do ambiente onde os alimentos são manipulados também pode ser um veículo de contaminação, assim como a presença de animais, insetos e pragas urbanas.

Outra preocupação que deve estar sempre presente no preparo de alimentos é a possibilidade de contaminação cruzada, ou seja, a transferência de contaminantes de uma superfície para outra, por meio do contato com equipamentos, utensílios, pragas (moscas, formigas e outros insetos), adornos (anéis, pulseiras, relógios e brincos) e entre iguarias cruas e cozidas.

Os perigos e os contaminantes são classificados em:

* **Físicos:** são materiais sólidos, como espinhas, ossos, pedras, pedaços de vidro, que já existem ou são inadvertidamente colocados no alimento, podendo machucar a pessoa que o ingere.
* **Químicos:** são substâncias químicas, como desinfetantes, venenos, inseticidas, defensivos agrícolas e outros produtos, que podem, por engano, mau uso ou descuido, contaminar os alimentos.
* **Biológicos:** são os microrganismos vivos que já estão nos alimentos *in natura*, como bactérias, fungos, vírus e parasitas, e que são capazes de provocar doenças nas pessoas.

Os perigos e contaminantes biológicos são os mais comuns nos serviços de alimentação, por isso a legislação apresenta várias normas, exigências e técnicas específicas para o controle de contaminação, proliferação, desenvolvimento e crescimento deles.

Os microrganismos são seres vivos unicelulares que só podem ser vistos pelo olho humano com a ajuda de um microscópio. Estão presentes em tudo: solo, ar, água, seres humanos, animais, alimentos e ambientes em geral. Cabe ressaltar que todo alimento *in natura*, de origem animal ou vegetal, tem uma quantidade de microrganismos habitual, denominada contaminação de origem.

Como os microrganismos não podem ser vistos a olho nu e se reproduzem rapidamente, esse perigo é uma das maiores preocupações da legislação sanitária. Controlá-lo garante a segurança do consumidor, impedindo que doenças veiculadas por alimentos (DVAs) ocasionem surtos em muitas pessoas.

Alguns agentes causadores de perigo ou contaminação biológicos, como bactérias e fungos, podem desempenhar funções importantes na produção de alimentos, mas, também, apenas estragá-los, sem risco para a saúde do consumidor. Existem três tipos de microrganismos:

* **Úteis:** são empregados na produção de alguns produtos, como pães, iogurtes, queijos e cervejas, pois produzem alterações benéficas nas características sensoriais originais, gerando novos alimentos. Os lactobacilos e as leveduras (fungos) são exemplos desse tipo de microrganismo.

* **Deteriorantes:** são microrganismos que estragam os alimentos por meio de alterações físico-químicas, modificando suas características sensoriais, como cor, sabor, odor e textura. Essas variações se devem à atividade metabólica natural, que utiliza o alimento como substrato e fonte de energia para a sobrevivência. O prejuízo causado é econômico, já que as alterações são visíveis e impedem o consumo do produto estragado, que é desprezado, desencadeando aumento dos custos e desperdício nas operações.

* **Patogênicos:** são microrganismos perigosos, que provocam doenças nos consumidores a partir da ingestão de alimentos contaminados. Como não alteram as características sensoriais destes, não é possível identificar sua presença, aumentando o perigo para quem os consome.

Os microrganismos patogênicos e deteriorantes são, portanto, o motivo da necessidade de implantar ações de boas práticas na manipulação dos alimentos. É preciso evitar a contaminação durante as etapas de manipulação, bem como prevenir e controlar sua multiplicação.

Os alvos das ações de boas práticas são as bactérias e os fungos dos tipos bolores e leveduras, visto que, ao encontrarem condições favoráveis, como água, alimento e temperatura adequados, apresentam uma capacidade de multiplicação muito rápida. Já os parasitas e vírus não dispõem dessa característica nos alimentos, mas também podem causar agravos à saúde do consumidor.

Quando não é feito o controle dos perigos e da contaminação biológica no preparo de alimentos, estes podem provocar enfermidades, como as já mencionadas DVAs ou doenças transmitidas por alimentos

(DTAs). Definidas como síndromes relacionadas à ingestão de alimentos ou água contaminados, geralmente são constituídas de sinais e sintomas como anorexia, náuseas, vômitos e diarreia, com ou sem febre, podendo ainda ocasionar afecções fora do sistema digestório, atingindo outros órgãos. O quadro 6.1 mostra de modo resumido as principais bactérias patogênicas causadoras de DVAs.

Quadro 6.1 | **Principais bactérias causadoras de DVAs**

Bactéria	Onde é encontrada	Alimentos envolvidos
Bacillus cereus	Solo (terra e água) e poeira.	Arroz cozido, feijão cozido, preparações com farinha ou amido, sopa de vegetais, massas, arroz-doce, canjica e cremes de doces.
Clostridium botulinum	Solo (terra e água), intestino de animais e poeira.	Conservas caseiras pouco ácidas, pescados, carnes e vegetais em conserva, como palmito.
Clostridium perfringens	Solo (terra e água) e poeira.	Carne de boi ou de aves cozidas, canja, molhos e sopas.
Escherichia coli	Fezes de humanos e de animais infectados.	Saladas e outros alimentos crus não tratados higienicamente, água contaminada, carnes e leite não pasteurizado.
Salmonella sp.	Intestinos de animais e de humanos infectados.	Carne bovina e de aves e derivados, ovos e produtos à base de ovos.
Staphylococcus aureus	Nariz, pele e lesões em humanos e animais infectados.	Presunto, produtos de carne de bovinos e aves, torta recheada com creme, artigos lácteos e misturas de alimentos.

Na ocorrência de surtos causados por DVAs, costumam estar presentes falhas de processo envolvendo a contaminação cruzada, isto é, a transferência de microrganismos patogênicos de uma superfície para outra ou de um alimento contaminado para outro. Essas situações ocorrem com facilidade, sem que o manipulador perceba o lapso ou a ação inadequada que está cometendo. As falhas mais comuns relacionadas à contaminação cruzada são:

* alimentos crus ou não higienizados em contato com outros já cozidos ou assépticos, prontos para o consumo;
* falta de assepsia das mãos dos manipuladores que tocaram alimentos crus ou utensílios e equipamentos contaminados antes de tocar nos artigos prontos para o consumo – essa é a falha que mais ocorre nos surtos de DVAs;
* mistura de alimentos crus infectados com outros que já haviam passado por cocção, como em saladas mistas, salpicão e maionese;
* panos de limpeza contaminados que tocam superfícies ou alimentos maculados e depois entram em contato com áreas e comidas já prontas para o consumo, cozidas ou higienizadas;
* superfícies que não foram higienizadas antes de entrar em contato com alimentos já prontos para o consumo, como facas ou placas de corte usadas para vários procedimentos.

A atenção durante o manuseio de alimentos é fundamental para impedir essas falhas, bem como para observar as normas estabelecidas pela legislação (RDC 216/2004 Anvisa), que devem ser objeto de treinamento de todos os manipuladores. Algumas das formas de evitar a contaminação cruzada são:

* Lavar as mãos com frequência durante a manipulação de alimentos. Essa higienização deve ser feita antes do início do manuseio, depois do manejo de equipamentos e utensílios contaminados, lixos, artigos crus ou não higienizados e antes da manipulação de iguarias prontas para o consumo.

* Manter os alimentos crus, em processo de descongelamento ou não higienizados, armazenados de forma que não entrem em contato com a comida cuja ingestão é imediata.
* Limpar e sanitizar as superfícies, os equipamentos e utensílios após manipular alimentos crus ou não higienizados, antes que eles entrem em contato com outros finalizados para o consumo.
* Evitar panos de limpeza que não sejam descartáveis nos equipamentos e utensílios que entram em contato com os alimentos.

6.2 BOAS PRÁTICAS NA MANIPULAÇÃO DE ALIMENTOS

Como já foi visto, as boas práticas na manipulação de alimentos são os procedimentos estabelecidos pela legislação sanitária que devem ser adotados por serviços de alimentação para garantir a qualidade higiênico-sanitária.

Além da legislação federal, os estados e municípios possuem leis próprias que asseguram a mencionada qualidade higiênico-sanitária dos alimentos preparados e vendidos ao consumidor final, a fim de evitar riscos à saúde das pessoas. Ao iniciar um negócio na área alimentícia, o empreendedor deve, portanto, consultar a legislação local sobre o assunto, além de seguir o estabelecido nas regras federais.

As legislações sanitárias na área de alimentos definem normas e procedimentos relativos aos chamados pilares das boas práticas. Esses pilares estão presentes em todos os locais onde se manipulam alimentos, pois seguem o caminho percorrido pelo alimento até que ele seja transformado em uma preparação, produto pronto para o consumo ou refeição. Essa trajetória é sempre a mesma e pode ser denominada fluxo do alimento, cujas etapas estão descritas na figura 6.1.

Figura 6.1 | **Fluxo do alimento nas etapas de manipulação**

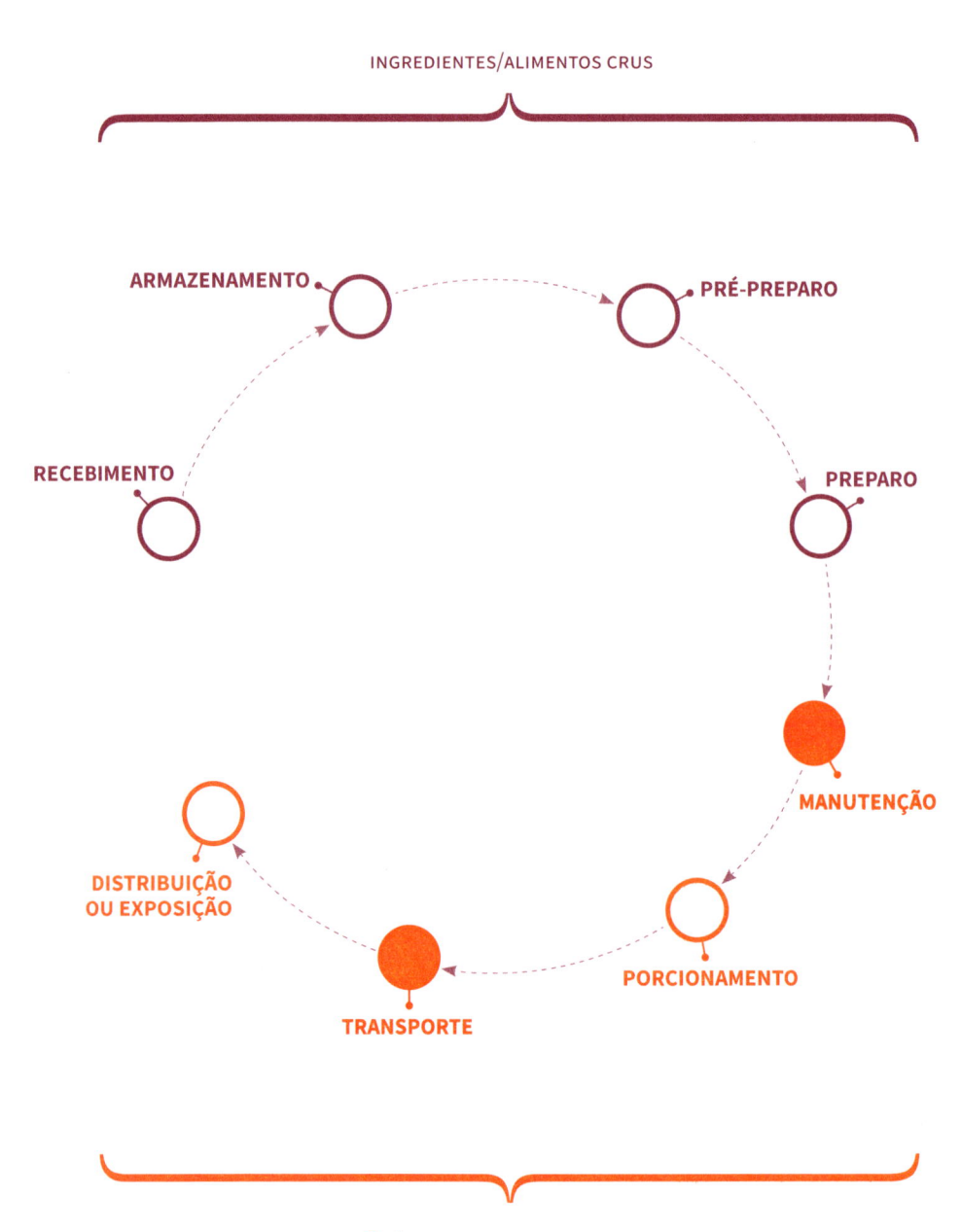

INGREDIENTES/ALIMENTOS CRUS

RECEBIMENTO

ARMAZENAMENTO

PRÉ-PREPARO

PREPARO

MANUTENÇÃO

PORCIONAMENTO

TRANSPORTE

DISTRIBUIÇÃO OU EXPOSIÇÃO

PREPARAÇÃO/ALIMENTOS PRONTOS PARA O CONSUMO

Como sugerido pela figura 6.1, apenas as etapas de manutenção e de transporte são prescindíveis, pois só acontecem nos estabelecimentos onde essas funções são necessárias para processar o alimento. Deve ser destacado, também, que as quatro primeiras etapas se referem aos ingredientes ou iguarias cruas, enquanto as demais já se aplicam à preparação ou ao alimento pronto para o consumo.

Os pilares das boas práticas abrangem todos os aspectos que permeiam o fluxo dentro de um serviço de alimentação, seja ele institucional, seja ele comercial. Os pilares das boas práticas abordados pelas legislações são:

* **Estrutura:** são as determinações referentes à estrutura física dos locais de manipulação de alimentos, bem como as características de equipamentos, utensílios e materiais necessários em uma cozinha. Tipos de revestimento adequados, aparatos permitidos e vedados para equipagens e utensílios, exigências de telas e ralos são alguns dos tópicos normatizados nas legislações. Define-se, ainda, como devem ser feitos o abastecimento de água e o controle de insetos e pragas urbanas, além da calibração e manutenção preventiva de equipamentos.

* **Pessoas:** exigências estabelecidas para os manipuladores de alimentos, como controle de saúde, hábitos de higiene, uniformes, comportamentos no trabalho e uso de equipamentos de proteção individual (EPI). São determinados, por exemplo, os tipos de exame de saúde e a periodicidade exigidos para o manipulador, a necessidade de paramentação adequada a cada função, a proibição de uso de adornos, a exigência de proteção dos cabelos, a proibição do uso de barba e a obrigatoriedade de higienização das mãos em vários momentos.

* **Processos:** este pilar orienta e normatiza como devem ser conduzidos os processos de manipulação de alimentos em todas as etapas do fluxo, determinando condutas, definindo tempo e temperaturas para cada etapa e tipo de alimento, especialmente pré-preparo,

preparo, distribuição e transporte, além de estabelecer critérios de segurança para garantir a qualidade higiênico-sanitária dos produtos. Para cada tipo de alimento, há um tempo seguro de permanência em determinada temperatura; é preciso conhecer esses processos a fim de eliminar ou controlar a proliferação de microrganismos.

* **Produtos:** são estabelecidas as características desejadas para os produtos prontos, como pratos, preparações ou artigos embalados, após terem sido cumpridas todas as etapas do fluxo do alimento. Aqui, o objetivo é a garantia de segurança, sem riscos à saúde do consumidor.

> **ATENÇÃO!**
>
> As legislações sanitárias sobre boas práticas em serviços de alimentação são decretadas nas esferas federal (BRASIL, 2004), estadual (SÃO PAULO, 2013) e municipal (SÃO PAULO, 2011):
>
> → **Federal:** RDC 216/2004;
>
> → **Estadual (SP):** Portaria CVS 5/2013;
>
> → **Municipal (São Paulo):** Portaria SMS 2.619/2011.
>
> Se o seu empreendimento não estiver localizado na cidade de São Paulo, consulte as legislações sanitárias locais.

6.3 CUIDADOS NAS ETAPAS DE PRODUÇÃO DE ALIMENTOS

A legislação sanitária abrange, portanto, todas as condições ambientais dos locais destinados à manipulação de alimentos, as características ideais de equipamentos e utensílios, bem como as exigências para o manipulador e os cuidados com matérias-primas e preparações prontas para o consumo, estabelecendo os critérios de segurança para não causar danos à saúde dos comensais.

Vários fatores podem interferir na contaminação ou proliferação de microrganismos patógenos e potencializá-las durante a manipulação de alimentos, como:

* alimentos de fonte insalubre;
* alimentos elaborados já contaminados;
* alimentos processados contaminados;
* ingredientes *in natura* crus contaminados;
* limpeza e desinfecção deficientes dos equipamentos e utensílios;
* pessoas infectadas manipulando os alimentos;
* práticas inadequadas de manipulação;
* saneamento ambiental deficiente.

Existem, ainda, outros fatores que facilitam a proliferação dos microrganismos deteriorantes ou patógenos:

* alimentos desprotegidos e deixados em temperatura ambiente;
* conservação inadequada de preparações quentes já prontas;
* descongelamento de alimentos em temperatura incorreta;
* preparação de alimentos com excessiva antecipação e inadequada conservação;
* preparação em quantidade excessiva;
* preparações cozidas esfriando em recipientes grandes.

Outros aspectos que interferem diretamente na sobrevivência dos agentes patógenos são:

* falta de sanitização de alimentos consumidos crus;
* aquecimento ou cocção insuficientes;
* reaquecimento insuficiente.

6.3.1 CUIDADOS NO RECEBIMENTO E ARMAZENAMENTO DE ALIMENTOS

Como visto no capítulo 4, "Tecnologias de conservação de alimentos", existem características inerentes aos alimentos, relacionadas à sua composição química, que facilitam o crescimento e o desenvolvimento de microrganismos. Por isso, é importante saber, por exemplo, que os alimentos que contêm teores altos de proteína e água são mais propensos à contaminação por bactérias. Nesses casos, os cuidados com artigos de origem animal, como carnes, aves, pescados, ovos e leite, devem ser redobrados. Por outro lado, fungos, como leveduras e bolores, preferem alimentos ricos em carboidratos, com menos água.

Por essas razões, as legislações sanitárias determinam condutas diferentes na manipulação de alimentos perecíveis e não perecíveis. Tais orientações abrangem as formas de recebimento e de armazenamento dos ingredientes ou matérias-primas das preparações. É preciso atentar-se, pois, às características de perecibilidade dos alimentos, que dependem de aspectos como teor de água, presença de nutrientes, contaminação inicial e aplicação de alguma tecnologia de conservação.

Alimentos perecíveis são mais propensos às alterações químicas, enzimáticas ou não, que oferecem melhores condições para a contaminação e a proliferação de microrganismos. Esses alimentos requerem condições de armazenamento em baixas temperaturas, como refrigeração ou congelamento. São eles: hortaliças, frutas, carnes, aves, pescados, ovos, leite e derivados.

Alimentos não perecíveis podem ser armazenados em temperatura ambiente, pois já passaram por algum processo tecnológico de conservação. São adquiridos embalados e possuem prazo de validade definido em suas embalagens; trata-se, por exemplo, de alimentos secos, como farinhas e grãos, e enlatados ou embalados após tecnologias como pasteurização, esterilização e apertização.

Destacam-se as normas mais importantes estabelecidas na legislação (RDC 216/2004 Anvisa) referentes ao recebimento de alimentos:

* os veículos de entrega devem ser limpos, exclusivos para alimentos, sem transportar outros materiais ou animais;
* os entregadores de alimentos devem estar identificados, uniformizados e com proteção no cabelo;
* o recebimento deve ser feito com conferência de quantidade e qualidade (variedade e ponto de maturação) dos produtos;
* devem ser observadas as características sensoriais dos alimentos *in natura*, as condições de embalagem dos processados e a data de validade;
* os alimentos não devem ser colocados diretamente sobre o chão; devem ser utilizados pallets de plástico ou mesas de apoio;
* não é permitido receber alimentos em caixas de madeira;
* as temperaturas de resfriados, refrigerados e congelados devem ser aferidas com termômetro:
  - congelados: máximo –12 °C ou conforme as especificações do fabricante;
  - refrigerados: até 10 °C ou conforme especificação do fabricante;
  - carnes: até 7 °C ou conforme especificação do fabricante;
  - pescados: até 3 °C ou conforme especificação do fabricante.

Com relação ao armazenamento, este deve ser feito:

* em ambientes secos e frescos, para produtos não perecíveis;
* a frio, em temperaturas de refrigeração ou congelamento, para alimentos perecíveis.

Algumas orientações sobre o armazenamento de alimentos estão resumidas no quadro 6.2.

Quadro 6.2 | **Normas para o armazenamento de alimentos**

Tipos de alimentos	Normas e orientações

Não perecíveis (ambiente seco e fresco)	→ Alimentos não podem ficar em contato direto com o piso.
	→ A organização deve ser feita sobre pallets, prateleiras e estantes, que não podem ser de madeira.
	→ Deve haver um espaço entre os alimentos que permita a circulação de ar entre eles. São sugeridas as medidas de:
	  ■ 25 cm distante do chão;
	  ■ 60 cm distante do teto;
	  ■ 10 cm distante das paredes.
	→ A organização deve ser feita por famílias ou tipos de alimentos, considerando-se ventilação, temperatura e umidade.
	→ Deve-se utilizar a regra fundamental para organizar o estoque: "primeiro que vence é o primeiro que sai" (PVPS).
	→ É proibido armazenar produtos químicos e materiais de limpeza junto a alimentos.

Perecíveis (a frio)	→ O armazenamento frio deve ser feito em geladeiras, congeladores, câmaras frigoríficas e freezers, dependendo do tipo e da quantidade de alimento e do espaço disponível. → É obrigatório o uso de casaco isotérmico de proteção ao entrar em câmaras frigoríficas e freezers. → É obrigatório o controle de temperatura dos equipamentos frios. → É necessário obedecer às temperaturas estabelecidas pelas legislações para cada tipo de alimento ou pelos fabricantes para produtos refrigerados ou congelados. → Para alimentos embalados, deve-se observar a regra fundamental para organização do estoque: PVPS. → Para hortaliças e frutas, há de se observar a regra fundamental para organização do estoque: "primeiro que entra é o primeiro que sai" (PEPS).

6.3.2 CRITÉRIOS DE SEGURANÇA NO PRÉ-PREPARO DE ALIMENTOS

Como as etapas de pré-preparo e preparo dos alimentos exigem mais manipulação, são, portanto, as mais críticas para garantir a sanidade das preparações.

Na etapa de pré-preparo, os alimentos são submetidos às operações iniciais que precedem a aplicação de calor, como limpar, higienizar e cortar vegetais; limpar, cortar, fracionar e temperar carnes, aves e pescados; limpar e escolher alimentos secos e grãos.

A etapa de pré-preparo de frutas, verduras e legumes que serão consumidos crus, integrais ou com a casca exige uma operação adicional de desinfecção, ou seja, uso de um produto redutor de carga microbiana, já que esses alimentos não passarão por aplicação de calor. Nesse caso, o processo de higienização requer:

* **Seleção:** retirar partes impróprias para o consumo.
* **Lavagem:** em água corrente; para folhas, lavar uma por vez.
* **Desinfecção:** deixar de molho no saneante hipoclorito de sódio diluído em água, pelo tempo determinado na embalagem do produto.
* **Enxágue:** em água potável.
* **Corte:** para aplicação imediata.
* **Secagem:** para armazenamento e uso posterior.

> **DICA!**
> Não há necessidade de desinfecção com saneante para frutas, verduras e legumes que:
> → possuírem uma casca grossa que não será consumida;
> → passarão posteriormente por cocção (aplicação de calor).

No pré-preparo de alimentos de origem animal, alguns dos critérios de segurança na manipulação são:

* organizar os espaços de trabalho;
* higienizar mãos, utensílios e superfícies antes da manipulação;
* retirar pequenas quantidades por vez do equipamento frio de armazenamento;
* manipular um tipo de produto separadamente, como carne, frango e peixe;
* usar facas e tábuas diferentes para cortes de carnes de origens distintas, como bovinas, aves e pescados;
* não manter qualquer tipo de carne por mais de trinta minutos em temperatura ambiente.

Além desses cuidados, devem ser destacadas outras operações comuns no pré-preparo de alimentos de origem animal:

* **Dessalgue de peixes e carnes salgadas:** deve ser feito em geladeira, com trocas periódicas de água filtrada e gelada.
* **Descongelamento:** deve ser feito em geladeira ou diretamente na aplicação de calor.

6.3.3 CRITÉRIOS DE SEGURANÇA NO PREPARO DE ALIMENTOS

Cozinhar os alimentos em tempo suficiente e temperaturas acima de 65 °C elimina quase todas as bactérias, inclusive as patogênicas, e, acima de 100 °C, também as esporuladas.

Por essa razão, é bastante eficiente aplicar adequadamente os critérios de segurança com base no binômio tempo/temperatura. Como os microrganismos precisam de tempo para se proliferarem e sobrevivem melhor em determinadas temperaturas, a legislação sanitária estabelece normas nessa etapa (RDC 216/2004 Anvisa), para garantir a sanidade dos produtos. Os principais critérios de segurança no preparo de alimentos são:

* cozinhar os alimentos em temperatura acima de 75 °C ou 70 °C por dois minutos;
* quando sobrar algo cozido, deve-se resfriar, proteger e armazenar, seguindo tempos e temperaturas definidos na legislação;
* as carnes prontas de qualquer tipo devem ir imediatamente para exposição quente ou consumo, ou ser resfriadas em geladeira o mais rápido possível;
* o resfriamento de preparações deve acontecer com queda de temperatura de 60 °C para 10 °C em, no máximo, duas horas, e o reaquecimento deve atingir 75 °C;
* não esquecer que os itens crus utilizados para decoração devem ser higienizados;
* nas frituras, a reutilização do óleo só pode ser feita se este não apresentar alterações sensoriais e formação de espuma ou fumaça;
* se a preparação não for imediatamente servida, deve permanecer em manutenção quente ou fria até o momento do porcionamento;
* a manipulação de alimentos prontos para o consumo, já cozidos, deve ser feita utilizando-se luvas descartáveis ou utensílios, pois é proibido manipular alimentos prontos com as mãos desprotegidas.

6.3.4 CRITÉRIOS DE SEGURANÇA NA DISTRIBUIÇÃO OU EXPOSIÇÃO DE ALIMENTOS

Também nesta etapa do fluxo de alimentos, o binômio tempo/temperatura deve ser observado para evitar a contaminação ou a proliferação de microrganismos nos alimentos já prontos para servir. As legislações sanitárias estabelecem os critérios de segurança na distribuição ou exposição de alimentos. Por exemplo, a Portaria SMS nº 2.619, de 6 de dezembro de 2011, do município de São Paulo, determina que:

* preparações servidas frias devem permanecer em temperaturas de até 10 °C por, no máximo, quatro horas;
* preparações servidas frias devem permanecer em temperaturas entre 10 °C e 21 °C por, no máximo, duas horas;
* preparações servidas frias que contenham carnes ou pescados crus devem permanecer na temperatura de 5 °C por, no máximo, duas horas;
* preparações quentes devem permanecer em temperaturas acima de 60 °C por, no máximo, seis horas;
* preparações quentes devem permanecer em temperaturas abaixo de 60 °C por, no máximo, uma hora.

Além dessas normas, nenhum alimento preparado, frio ou quente, pode ser reaproveitado após ter sido colocado em exposição ou na distribuição.

6.4 NORMAS PARA MANIPULADORES DE ALIMENTOS

Um dos veículos de contaminação mais recorrentes na produção de alimentos é o próprio manipulador. Por isso, as legislações sanitárias definem quem é esse agente e quais são as regras para exercer essa função, que devem ser aplicadas a qualquer indivíduo que trabalhe em um serviço de alimentação, ou que manipule ingredientes, matérias-primas, embalagens, equipamentos e utensílios e execute funções de distribuição ou transporte de preparações no comércio varejista de alimentos.

Dessa forma, se o pequeno empreendedor ou os colaboradores atuarem diretamente na produção de alimentos ou preparações que serão colocados à venda, deverão seguir o que é determinado nas legislações.

De forma resumida, veremos a seguir as normas estabelecidas para os manipuladores de alimentos.

6.4.1 HIGIENE PESSOAL

Os manipuladores devem:

* tomar banho diariamente;
* utilizar desodorantes inodoros;
* usar protetor para os cabelos;
* fazer a barba diariamente ou cobri-la com um protetor específico e descartável;
* manter as unhas curtas, limpas, sem esmalte ou base;
* usar maquiagem leve, se necessário;
* manter o uniforme limpo e não o usar fora das dependências da empresa.

6.4.2 HÁBITOS E COMPORTAMENTOS

Os manipuladores **não** devem:

* usar adornos, como amuletos, pulseiras, relógios, fitas, brincos, anéis, aliança e *piercings*;
* usar perfume;
* falar, cantar, assobiar, tossir ou espirrar sobre os alimentos;
* mascar goma, palito, fósforo ou similares, chupar balas, comer ou cuspir;
* experimentar alimentos com as mãos;
* provar alimentos com talheres e devolvê-los em seguida para a panela, sem prévia higienização;
* tocar o corpo, colocar o dedo no ouvido ou no nariz, bem como assoá-lo, mexer no cabelo ou se pentear próximo aos alimentos;
* enxugar o suor com as mãos, panos ou qualquer peça da vestimenta;
* manipular dinheiro, jornal, celular;

- * fumar;
- * deixar resíduos no piso ou na bancada durante a manipulação dos alimentos;
- * tocar em maçanetas com as mãos sujas;
- * usar utensílios e equipamentos sujos;
- * circular sem uniforme nas áreas de trabalho.

6.4.3 UTILIZAÇÃO DE UNIFORMES E EPIs

6.4.3.1 UNIFORMES

O uso de uniformes faz parte das ações para evitar a contaminação de alimentos pelo manipulador. Os uniformes devem ser limpos, trocados diariamente e utilizados somente dentro das áreas de manipulação. As normas da legislação sobre a composição do uniforme são:

- * calça comprida, camisa ou camiseta de cor clara e mangas longas;
- * avental, jaleco ou dólmã de cor clara, sem bolsos acima da cintura;
- * protetor de cabelo (touca, rede), cobrindo totalmente a cabeça e as orelhas;
- * sapato fechado antiderrapante em bom estado de conservação.

Ainda sobre o uniforme, as normas estabelecem o seguinte:

- * utilizar avental plástico ao executar atividades em que exista grande quantidade de água, mas nunca próximo ao fogo;
- * para entrar em câmaras frias, usar casaco de proteção térmica;
- * no uniforme não se devem carregar espelhinhos, ferramentas, pentes, pinças, batons, cigarros, isqueiros, relógios ou telefones celulares;
- * carregar nos bolsos inferiores do uniforme os objetos necessários às atividades na cozinha, como canetas, crachá e termômetro.

6.4.3.2 LUVAS

A utilização de luvas – e máscaras – pode estar ligada à proteção do manipulador, como um EPI, ou como proteção à contaminação dos alimentos manipulados. A norma legal estabelece o uso de:

* luvas de borracha nitrílica de cano longo para lavagem e desinfecção de ambientes e utensílios;
* luvas isolantes térmicas para a manipulação de utensílios quentes;
* luvas de malha de aço para corte de carnes e pescados;
* luvas impermeáveis e descartáveis para a manipulação de alimentos prontos para o consumo que já tenham sofrido tratamento térmico ou que não serão cozidos antes da ingestão, além de frutas e hortaliças cruas.

Deve-se lembrar de conservar limpos todos os tipos de luvas que não sejam descartáveis e de jogar no lixo as descartáveis após o uso. A utilização de luvas não dispensa a completa higienização de mãos antes de colocá-las e após tirá-las.

6.4.3.3 MÁSCARAS

O emprego de máscaras durante a manipulação de alimentos não é uma ferramenta recomendada para prevenir a contaminação, pois as cozinhas são locais quentes e, após algum tempo de uso, a máscara torna-se úmida e ocorre uma abertura da trama de proteção, permitindo a passagem de microrganismos. Além disso, trata-se de uma situação desconfortável para o manipulador, podendo provocar coceira e levá-lo a mexer na máscara, o que causa ainda mais contaminação.

Somente em situações muito específicas e em áreas refrigeradas é recomendado o uso de máscaras descartáveis, que devem ser trocadas a cada trinta minutos, no máximo.

> **ATENÇÃO!**
>
> Durante a pandemia de covid-19, a Agência Nacional de Vigilância Sanitária (Anvisa), do Ministério da Saúde (MS), determinou novos protocolos para a manipulação de alimentos em serviços de alimentação, como o uso de máscaras descartáveis, e estabeleceu a periodicidade para a higienização das mãos, independentemente das tarefas executadas (BRASIL, 2020c). Para saber mais, consulte a Nota Técnica nº 47, de 3 de junho de 2020, no link: https://www.gov.br/anvisa/pt-br/arquivos-noticias-anvisa/310json-file-1.

6.4.3.4 HIGIENIZAÇÃO DAS MÃOS

A legislação determina que os serviços de alimentação devem dispor de lavatórios específicos para a higienização de mãos, abastecidos de sabonete líquido, toalhas descartáveis e lixeira tampada com pedal para abertura, já que a higienização correta das mãos é uma das práticas mais importantes durante o manuseio de alimentos, pois impede a contaminação e protege o manipulador de muitas doenças. Esse procedimento precisa ser frequente e acontecer sempre que o manipulador:

* chegar ao local de trabalho;
* iniciar ou trocar de atividade;
* utilizar os sanitários;
* sair do ambiente de trabalho para tossir, espirrar ou assoar o nariz;
* utilizar materiais ou produtos de limpeza;
* mexer no lixo ou recolher resíduos;
* tocar em sacarias, caixas, garrafas e sapatos;
* se preparar para usar luvas descartáveis e após sua utilização;
* mexer com dinheiro;

* tocar em cabelos, rosto, corpo, roupa ou avental;
* tiver intervalo no serviço;
* ficar muito tempo executando a mesma atividade.

A figura 6.2 demonstra a técnica correta para higienização das mãos.

Figura 6.2 | **Técnica para higienização de mãos**

COMO LAVAR SUAS MÃOS

1. Molhe as mãos
2. Aplique sabão
3. Esfregue as palmas das mãos
4. Ensaboe o dorso das mãos
5. Esfregue entre os dedos
6. Esfregue o dorso dos dedos na palma da mão oposta
7. Limpe os polegares
8. Limpe as unhas e as pontas dos dedos
9. Enxágue as mãos
10. Seque com uma toalha descartável
11. Use a toalha para fechar a torneira
12. Suas mãos estão limpas

6.5 OUTRAS EXIGÊNCIAS LEGAIS

Além das normas descritas neste capítulo, que abrangem os pilares das boas práticas, as legislações sanitárias definem como deve ser feita a documentação de descrição e registro das atividades. Todos os empreendedores em serviços de alimentação precisam elaborar o manual de boas práticas (MBP).

A legislação estabelece que o MBP seja mantido em local de fácil acesso para consulta por toda a equipe de funcionários e para entrega à fiscalização sanitária, caso seja solicitado.

A elaboração desse documento deve seguir a estrutura específica da legislação e conter os anexos e registros que comprovem os procedimentos de segurança. Cada local em que se manipulam alimentos deve possuir seu próprio MBP, pois ele é único e descreve as especificidades do serviço. Entretanto, não se trata de um documento estático, devendo ser atualizado sempre que preciso.

A legislação determina, ainda, que o MBP contenha os procedimentos operacionais padronizados (POPs), que devem descrever detalhadamente algumas das operações, além das formas de controle estabelecidas, monitoramento, registro, tomada de ações corretivas e verificação das operações. São POPs obrigatórios nos serviços de alimentação:

* higiene das instalações, equipamentos, móveis e utensílios;
* higiene e saúde dos manipuladores;
* higienização do reservatório de água;
* controle integrado de vetores e pragas urbanas.

Exige-se também a elaboração de instruções de trabalho, isto é, documentos que descrevem o modo de fazer de um procedimento, como higienização de mãos, de equipamentos ou de uniformes.

Finalmente, destaca-se que a legislação estabelece outros procedimentos de segurança para os locais de manipulação de alimentos, que serão exigidos pela fiscalização.

6.5.1 LIMPEZA E HIGIENIZAÇÃO DE INSTALAÇÕES, AMBIENTES, EQUIPAMENTOS, MÓVEIS E UTENSÍLIOS

A manutenção da higiene de um local onde se manipulam alimentos é fundamental para a segurança sanitária, pois os microrganismos podem se multiplicar facilmente em resíduos que permanecem em utensílios, equipamentos e no ambiente, contaminando os alimentos e colocando em risco a saúde dos consumidores.

A limpeza e a higienização começam pela organização, com locais definidos para cada material ou atividade, evitando-se manter nas áreas de preparo ou de armazenamento objetos em desuso ou estranhos à atividade. É fundamental que os equipamentos e utensílios sejam higienizados antes e após o uso e que, depois disso, sejam mantidos protegidos, e nunca colocados diretamente sobre o piso.

NÃO CONFUNDA!

Limpeza e higienização são procedimentos bem diferentes.

→ **Limpeza** é a remoção de sujeira visível e indesejável, que pode prejudicar a qualidade do alimento, como terra, poeira e gordura. É feita com água corrente e detergente líquido ou outro produto específico para sujidades maiores, como desincrustantes.

→ **Higienização** é a operação que prevê limpeza e desinfecção, com a aplicação de produtos que reduzam a quantidade de microrganismos presentes em instalações, maquinários, utensílios, equipamentos e alimentos a um nível seguro, depois de concluída a etapa de limpeza. Para a desinfecção, são utilizados produtos químicos, como cloro e álcool 70°.

6.5.2 CONTROLE DE VETORES E PRAGAS URBANAS

As pragas urbanas são insetos rasteiros, como baratas e formigas; insetos voadores, como moscas; roedores, como ratos; e aves, como pombos. Elas são responsáveis por causar danos aos alimentos, aos suprimentos e às instalações e por disseminar várias doenças, inclusive as de origem alimentar, além de serem repugnantes aos usuários. Para que o estabelecimento controle esses vetores de contaminação, são imprescindíveis ações de prevenção, como interposição de barreiras que evitem o acesso da praga ao estabelecimento, ao alimento, à água e a locais que lhe possam servir de abrigo. Além dessas ações, é importante eliminar frestas e fendas, fixar molas e telas em portas e janelas, cobrir todos os alimentos, manter as lixeiras sempre fechadas e limpas, bem como as instalações e as proximidades asseadas e organizadas.

Nos locais em que se manipulam alimentos, deve-se contratar uma empresa especializada em aplicação de produtos químicos para controle de pragas, pois é perigoso e pouco eficaz fazer isso por conta própria.

6.5.3 QUALIDADE DA ÁGUA

Cabe lembrar que a água usada na manipulação e no preparo de alimentos é também uma matéria-prima e, portanto, deve ser potável. Por isso, nas operações que envolvem o uso de água para preparar bebidas e alimentos, é necessário controlar a potabilidade para evitar danos à saúde. Todo serviço de alimentação precisa ter um reservatório de água que atenda à legislação vigente, cuja limpeza deve ser feita periodicamente, com uso de produtos sanitizantes. O gelo, se utilizado, deve ser proveniente de empresas cadastradas na vigilância sanitária.

6.5.4 MANEJO DE RESÍDUOS

A legislação estabelece cuidados quanto ao manejo e destino de resíduos sólidos e líquidos para evitar contaminações durante a manipulação de alimentos. Todo resíduo deve ser condicionado em sacos plásticos resistentes, colocados no interior de lixeiras providas de tampa e pedal e que sejam de fácil limpeza.

Além disso, é importante que os serviços de alimentação contribuam para diminuir o volume de lixo coletado pelo serviço de limpeza pública, acondicionando separadamente o lixo orgânico e o seco, e encaminhando os resíduos recicláveis à coleta seletiva.

As lixeiras em áreas internas precisam ser mantidas em setor reservado, afastado das bancadas, dos utensílios de manipulação e do armazenamento de alimentos. A frequência de retirada do lixo depende do volume gerado em cada área, mas deve ser feita evitando-se a contaminação cruzada. Por isso, o lixo não deve ser removido pelo mesmo local por onde entram os alimentos, ou, se for esse o cao, devem ser utilizados horários diferentes para essas ações.

Nas áreas externas, o lixo deve ser colocado em local protegido da chuva e do sol, sem que haja acúmulo de caixas, garrafas e materiais em desuso que atraiam roedores e insetos.

Resíduos líquidos, como óleo usado, não podem ser descartados em ralos, tanques, vasos sanitários ou lixo comum. Há recipientes rígidos e fechados próprios para o armazenamento de óleo usado, que devem ser retirados por empresas de coleta específica desse material.

Após a coleta dos resíduos, o local e as lixeiras precisam ser higienizados pelos funcionários responsáveis pelo manejo do lixo, que devem utilizar uniforme específico, sempre protegidos com luvas e avental durante essa atividade.

CONSIDERAÇÕES FINAIS

Caro leitor, espero ter atingido meu objetivo de ajudá-lo em seu negócio com comida. Atuar no mercado alimentício não é tarefa simples; exige muita dedicação e trabalho constante. A alimentação coletiva é uma área sensível de se desempenhar; a responsabilidade de quem fabrica e vende alimentos, preparações ou produtos alimentícios embalados é imensa, pois interfere diretamente na saúde de cada consumidor.

Nesse mercado, o empreendedor lida com produtos muito perecíveis, que requerem cuidados especiais para não causar riscos à saúde dos clientes, além de evitar perdas, desperdícios e prejuízos financeiros.

Minha pretensão com este livro é que ele seja um guia prático, um manual sempre à mão, contendo conceitos, dicas, ferramentas e técnicas que o ajudem a empreender de forma segura – com qualidade sensorial, segurança sanitária e aplicação de métodos adequados de preparo, conservação, embalagem e rotulagem – na produção e comercialização de produtos que atinjam aspectos de qualidade total e tragam lucros.

É importante destacar que esta obra não esgota os temas abordados, pois o mercado de alimentação é bastante dinâmico e os conceitos de nutrição e alimentação saudável, bem como as tendências de mercado, mudam o tempo todo. O empreendedor dessa área deve estar sempre atento e procurar atualizações constantemente por meio de literatura temática, cursos ou publicações da mídia especializada.

Espero ter contribuído um pouco com o seu negócio. Desejo sucesso e boas vendas a você!

REFERÊNCIAS

ALÍCIA & ELBULLITALLER. **Léxico científico-gastronômico**: as chaves para entender a cozinha de hoje. São Paulo: Editora Senac São Paulo, 2008.

ARAÚJO, W. M. C. *et al*. (org.). **Alquimia dos alimentos**. 3. ed. Brasília: Editora Senac Distrito Federal, 2015.

ASSIS, L. **Alimentos seguros**: ferramentas para a gestão e controle da produção e distribuição. Rio de Janeiro: Editora Senac Nacional, 2014.

BASÍLIO, M. C.; MARTINS, B. T.; SILVA, M. A. **Nutrição aplicada e alimentação saudável**. 3. ed. São Paulo: Editora Senac São Paulo, 2018.

BRASIL. **Lei nº 10.674, de 16 de maio de 2003**. Obriga a que os produtos alimentícios comercializados informem sobre a presença de glúten, como medida preventiva e de controle da doença celíaca. 2003a. Disponível em: https://www.planalto.gov.br/ccivil_03/leis/2003/l10.674.htm. Acesso em: 13 out. 2022.

BRASIL. **Lei nº 10.831, de 23 de dezembro de 2003**. Dispõe sobre a agricultura orgânica e dá outras providências. 2003b. Disponível em: http://www.planalto.gov.br/ccivil_03/leis/2003/L10.831.htm. Acesso em: 29 abr. 2022.

BRASIL. Ministério da Agricultura, Pecuária e Abastecimento. Orgânicos. **Mapa**, 17 maio 2022a. Disponível em: https://www.gov.br/agricultura/pt-br/assuntos/sustentabilidade/organicos. Acesso em: 30 ago. 2022.

BRASIL. Ministério da Agricultura, Pecuária e Abastecimento. **Portaria nº 52, de 23 de março de 2021**. Estabelece o Regulamento Técnico para os Sistemas Orgânicos de Produção e as listas de substâncias e práticas para o uso nos Sistemas Orgânicos de Produção. 2021. Disponível em: https://www.in.gov.br/en/web/dou/-/portaria-n-52-de-15-de-marco-de-2021-310003720. Acesso em: 29 abr. 2022.

BRASIL. Ministério da Saúde. Agência Nacional de Vigilância Sanitária. **Biblioteca de alimentos**. 2020a. Disponível em: https://www.gov.br/anvisa/pt-br/assuntos/regulamentacao/legislacao/bibliotecas-tematicas/arquivos/biblioteca-de-alimentos. Acessos em: 15 jul.; 26 jul.; 18 ago. 2021.

BRASIL. Ministério da Saúde. Agência Nacional de Vigilância Sanitária. **Cartilha sobre boas práticas para serviços de alimentação**. 3. ed. Brasília, DF: Anvisa, [*s. d.*]. Disponível em: https://www.gov.br/anvisa/pt-br/centraisdeconteudo/publicacoes/alimentos/manuais-guias-e-orientacoes/cartilha-boas-praticas-para-servicos-de-alimentacao.pdf. Acesso em: 30 ago. 2022.

BRASIL. Ministério da Saúde. Agência Nacional de Vigilância Sanitária. **Instrução Normativa nº 75, de 8 de outubro de 2020**. Estabelece os requisitos técnicos para declaração da rotulagem nutricional nos alimentos embalados. 2020b. Disponível em: https://www.in.gov.br/en/web/dou/-/instrucao-normativa-in-n-75-de-8-de-outubro-de-2020-282071143. Acesso em: 30 ago. 2022.

BRASIL. Ministério da Saúde. Agência Nacional de Vigilância Sanitária. **Nota Técnica nº 47/2020/SEI/GIALI/GGFIS/DIRE4/Anvisa, de 3 de junho de 2020**. Uso de luvas e máscaras em estabelecimentos da área de alimentos no contexto do enfrentamento ao covid-19. 2020c. Disponível em https://www.gov.br/anvisa/pt-br/arquivos-noticias-anvisa/310json-file-1. Acesso em: 30 ago. 2021.

BRASIL. Ministério da Saúde. Agência Nacional de Vigilância Sanitária. **Novos alimentos, novos ingredientes, probióticos e enzimas aprovados**. [2022b]. Disponível em: https://app.powerbi.com/view?r=eyJrIjoiNTA3ZDQxOGEtYzg0NC00NTI1LTg0MzYtOGEzMWU4MThlNjAwIiwidCI6ImI2N2FmMjNmLWMzZjMtNGQzNS04MGM3LWI3MDg1ZjVlZGQ4MSJ9. Acesso em: 29 abr. 2022.

BRASIL. Ministério da Saúde. Agência Nacional de Vigilância Sanitária. **Resolução de Diretoria Colegiada nº 93, de 31 de outubro de 2000**. Dispõe sobre o Regulamento Técnico para Fixação de Identidade e Qualidade de Massa Alimentícia. 2000. Disponível em: https://bvsms.saude.gov.br/bvs/saudelegis/anvisa/2000/rdc0093_31_10_2000.html. Acesso em: 26 jul. 2021.

BRASIL. Ministério da Saúde. Agência Nacional de Vigilância Sanitária. **Resolução de Diretoria Colegiada nº 216, de 15 de setembro de 2004**. Dispõe sobre Regulamento Técnico de Boas Práticas para Serviços de Alimentação. 2004. Disponível em: https://bvsms.saude.gov.br/bvs/saudelegis/anvisa/2004/res0216_15_09_2004.html. Acesso em: 26 ago. 2021.

BRASIL. Ministério da Saúde. Agência Nacional de Vigilância Sanitária. **Resolução de Diretoria Colegiada nº 259, de 20 de setembro de 2002**. 2002. Disponível em: https://bvsms.saude.gov.br/bvs/saudelegis/anvisa/2002/rdc0259_20_09_2002.html. Acesso em: 26 abr. 2022.

BRASIL. Ministério da Saúde. Agência Nacional de Vigilância Sanitária. **Resolução de Diretoria Colegiada nº 429, de 8 de outubro de 2020**. Dispõe sobre a rotulagem nutricional dos alimentos embalados. 2020d. Disponível em: https://www.in.gov.br/en/web/dou/-/resolucao-de-diretoria-colegiada-rdc-n-429-de-8-de-outubro-de-2020-282070599. Acesso em: 30 ago. 2022.

BRASIL. Ministério da Saúde. Agência Nacional de Vigilância Sanitária. **Resolução de Diretoria Colegiada nº 715, de 1º de julho de 2022**. Dispõe sobre os requisitos sanitários de sal hipossódico, dos alimentos para controle de peso, dos alimentos para dietas com restrição de nutrientes e dos alimentos para dietas com ingestão controlada de açúcares. 2022c. Disponível em: https://in.gov.br/en/web/dou/-/resolucao-rdc-n-715-de-1-de-julho-de-2022-413249117. Acesso em: 3 out. 2022.

BRASIL. Ministério da Saúde. Agência Nacional de Vigilância Sanitária. **Resolução de Diretoria Colegiada nº 727, de 1º de julho de 2022**. Dispõe sobre a rotulagem dos alimentos embalados. 2022d. Disponível em: https://www.in.gov.br/en/web/dou/-/resolucao-rdc-n-727-de-1-de-julho-de-2022-413249279. Acesso em: 3 out. 2022.

BRASIL. Ministério da Saúde. Agência Nacional de Vigilância Sanitária. Gerência Geral de Alimentos. **Rotulagem nutricional obrigatória**: manual de orientação aos consumidores:

educação para o consumo saudável. Brasília, DF: Anvisa, 2001. Disponível em: http://www.ccs.saude.gov.br/visa/publicacoes/arquivos/Alimentos_manual_rotulagem_Anvisa.pdf. Acesso em: 30 ago. 2022.

BRASIL. Ministério da Saúde. Agência Nacional de Vigilância Sanitária. Gerência Geral de Alimentos. Universidade de Brasília. **Rotulagem nutricional obrigatória**: manual de orientação às indústrias de alimentos. Brasília, DF: Anvisa, 2005. Disponível em: http://antigo.anvisa.gov.br/documents/33916/389979/Rotulagem+Nutricional+Obrigat%C3%B3ria+Manual+de+Orienta%C3%A7%C3%A3o+%C3%A0s+Ind%C3%BAstrias+de+Alimentos/ae72b30a-07af-42e2-8b76-10ff96b64ca4. Acesso em: 30 ago. 2022.

BRASIL. Ministério da Saúde. Secretaria de Atenção à Saúde. Departamento de Atenção Básica. **Guia alimentar para a população brasileira**. 2. ed., 1. reimpr. Brasília, DF: MS, 2014. Disponível em: https://bvsms.saude.gov.br/bvs/publicacoes/guia_alimentar_populacao_brasileira_2ed.pdf. Acesso em: 8. jul. 2021.

BRASIL. Ministério do Desenvolvimento, Indústria e Comércio Exterior. Instituto Nacional de Metrologia, Qualidade e Tecnologia (INMETRO). **Portaria nº 21, de 14 de janeiro de 2016**. 2016. Disponível em: http://www.inmetro.gov.br/legislacao/rtac/pdf/RTAC002361.pdf. Acesso em: 15 jul. 2021.

DUTCOSKY, S. D. **Análise sensorial de alimentos**. 3. ed. Curitiba: Universitária Champagnat, 2011.

EMPRESA BRASILEIRA DE PESQUISA AGROPECUÁRIA (EMBRAPA). Chiquinho e Ana em "desidratação das frutas". [*S. l.*: *s. n.*], 23 set. 2014. 1 vídeo (8 min). Publicado pelo canal Getit Comunicação. Disponível em: https://youtu.be/H5He16jmN7w. Acesso em: 17 out. 2022.

EVANGELISTA, J. **Alimentos**: um estudo abrangente. São Paulo: Atheneu, 2005.

FANI, M. Novas técnicas de conservação. **Aditivos Ingredientes**, 1º out. 2010. Disponível em: https://aditivosingredientes.com/artigos/todos/novas-tecnicas-de-conservacao. Acesso em: 29 jul. 2021.

FERNANDES, C. **Viagem gastronômica através do Brasil**. São Paulo: Editora Senac São Paulo, 2009.

FOOD AND AGRICULTURE ORGANIZATION OF THE UNITED NATIONS (FAO). **Global food losses and food waste**. Rome: FAO, 2011. Disponível em: https://www.fao.org/3/mb060e/mb060e.pdf. Acesso em: 19 jul. 2021.

FRANCO, A. **De caçador a gourmet**. São Paulo: Editora Senac São Paulo, 2010.

FRANCO, B. D. G. M.; LANDGRAF, M. **Microbiologia dos alimentos**. São Paulo: Atheneu, 2014.

GAVA, A. J.; SILVA, C. A. B.; FRIAS, J. R. G. **Tecnologia de alimentos**: princípios e aplicações. São Paulo: Nobel, 2008.

GIL, I. T. **A ciência e a arte dos alimentos**. São Paulo: Varela, 2005.

INSTITUTO DE TECNOLOGIA DE ALIMENTOS (ITAL); FEDERAÇÃO DAS INDÚSTRIAS DO ESTADO DE SÃO PAULO (FIESP). **Brasil food trends 2020**. SãoPaulo: Ital/Fiesp, 2010.

KOTLER, P.; ARMSTRONG, G. **Princípios de marketing**. 15. ed. São Paulo: Pearson Education do Brasil, 2015.

KOTLER, P.; KARTAJAYA, H.; SETIAWAN, I. **Marketing 4.0**: do tradicional ao digital. Rio de Janeiro: Sextante, 2017. *E-book*.

LANDIM, A. P. M. *et al*. Sustentabilidade quanto às embalagens de alimentos no Brasil. **Polímeros**, São Carlos, v. 26, 2016. Disponível em: https://www.scielo.br/j/po/a/Mnh695j5cVys99xsSSx54WM/?lang=pt&format=pdf. Acesso em: 13 ago. 2021.

LOPES, J. A. D. **Massa! Mangia che ti fa felice**. São Paulo: Melhoramentos, 2016.

MACEDO, G. A.; PASTORE, G. M. **Bioquímica experimental de alimentos**. São Paulo: Varela, 2005.

MADI, L.; REGO, R. A. Publicações da Série Ital Trends 2020: incentivo à inovação e ao empreendedorismo no setor de alimentação. **Brazilian Journal of Food Technology**, Campinas, v. 18, n. 3, p. 258-261, jul./set. 2015. Disponível em: http://dx.doi.org/10.1590/1981-6723.9115. Acesso em: 30 ago. 2022.

MESA BRASIL SESC – SEGURANÇA ALIMENTAR E NUTRICIONAL. **Banco de alimentos e colheita urbana**: aproveitamento integral dos alimentos. Rio de Janeiro: Sesc/DN, 2003. Disponível em: https://mesabrasil.sescsp.org.br/media/1016/receitas_n2.pdf. Acesso em: 20 jul. 2021.

NIELSEN BRASIL. Homepage. **Nielsen Brasil**, [s. d.]. Disponível em: https://global.nielsen.com/pt/. Acesso em: 13 jul. 2021.

OETTERER, M.; ARCE, M. A. B.; SPOTO, M. H. F. **Fundamentos de ciência e tecnologia de alimentos**. Barueri: Manole, 2006.

OLIVEIRA, J. E. D.; MARCHINI, J. S. **Ciências nutricionais**. 2. ed. São Paulo: Sarvier, 2008.

ORDÓÑEZ, J. A. **Tecnologia de alimentos**: componentes dos alimentos e processos. Porto Alegre: Artmed, 2005.

ORNELLAS, L. H.; KAJISHIMA, S.; VERRMUA-BERNARDI, M. R. **Técnica dietética**: seleção e preparo de alimentos. 8. ed. São Paulo: Atheneu, 2007.

RAYMOND, J. L.; MAHAN, L. K. **Krause**: alimentos, nutrição e dietoterapia. 14. ed. Rio de Janeiro: GEN Guanabara Koogan, 2018.

SÃO PAULO (Estado). Secretaria de Estado da Saúde. Centro de Vigilância Sanitária. **Portaria CVS nº 5, de 9 de abril de 2013**. 2013. Disponível em: http://www.cvs.saude.sp.gov.br/up/portaria%20cvs-5_090413.pdf. Acesso em: 26 ago. 2021.

SÃO PAULO (Município). Secretaria Municipal da Saúde. **Portaria nº 2.619, de 6 de dezembro de 2011**. 2011. Disponível em: https://www.prefeitura.sp.gov.br/cidade/secretarias/upload/chamadas/portaria_2619_1323696514.pdf. Acesso em: 26 ago. 2021.

SEBESS, M. **Técnicas de confeitaria profissional**. 3. ed. Rio de Janeiro: Editora Senac Nacional, 2011.

SILVA JUNIOR, E. A. **Manual de controle higiênico-sanitário em serviços de alimentação**. São Paulo: Varela, 2014.

UNIVERSIDADE ESTADUAL DE CAMPINAS (UNICAMP). Núcleo de Estudos e Pesquisas em Alimentação (Nepa). **Tabela Brasileira de Composição de Alimentos (Taco)**. 4. ed. rev. ampl. Campinas: Unicamp, 2011. Disponível em: https://www.nepa.unicamp.br/taco/contar/taco_4_edicao_ampliada_e_revisada.pdf?arquivo=taco_4_versao_ampliada_e_revisada.pdf. Acesso em: 16 ago. 2021.

UNIVERSIDADE FEDERAL DE SÃO PAULO (UNIFESP). Escola Paulista de Medicina. **Tabela de Composição Química dos Alimentos (TABNUT)**. [s. d.]. Disponível em: https://tabnut.dis.epm.br/. Acesso em: 16 ago. 2021.

WRIGHT, J.; TREUILLE, E. **Le Cordon Bleu**: todas as técnicas culinárias. 2. ed. São Paulo: Marco Zero, 1998.